Kauderwelsch
Band 127

Impressum

Sabine Burger & Alexander Schwarz
Schwäbisch – das Deutsch im Ländle
erschienen im
REISE KNOW-HOW Verlag Peter Rump GmbH
Osnabrücker Str. 79, D-33649 Bielefeld
info@reise-know-how.de

Bearbeitung & Layout Claudia Schmidt
Umschlag Günter Pawlak
Layout-Konzept Günter Pawlak, FaktorZwo! Bielefeld
Illustrationen Stefan Theurer
Kartographie Iain Macneish
Druck und Bindung Fuldaer Verlagsagentur, Fulda

ISBN 3-89416-327-5
Printed in Germany

Dieses Buch ist erhältlich in jeder Buchhandlung der BRD, Österreichs, der Schweiz und der Benelux. Bitte informieren Sie Ihren Buchhändler über folgende Bezugsadressen:
BRD Prolit GmbH, Postfach 9, 35461 Fernwald (Annerod)
sowie alle Barsortimente
Schweiz AVA-buch 2000, Postfach 27, CH-8910 Affoltern
Österreich Mohr Morawa Buchvertrieb GmbH
Sulzengasse 2, A-1230 Wien
Benelux Assimil Benelux, 13 rue du Congrès, B-1000 Bruxelles
direkt Wer im Buchhandel kein Glück hat, bekommt unsere Bücher zuzüglich Porto- und Verpackungskosten auch direkt beim **Rump Direktversand**, Heidekampstraße 18, D-49809 Lingen oder über unseren Internet-Shop: **www.reise-know-how.de**
Zu diesem Buch ist ein **Tonträger** erhältlich, ebenfalls in jeder Buchhandlung der BRD, Österreichs, der Schweiz und der Benelux.
Der Verlag möchte die **Reihen Kauderwelsch & ReiseWortSchatz** weiter ausbauen und **sucht Autoren**! Mehr Informationen finden Sie auf unserer Internetseite **www.reise-know-how.de/buecher/special/schreiblust-inhalt.html**

Kauderwelsch

Sabine Burger &
Alexander Schwarz

Schwäbisch

das Deutsch im Ländle

REISE KNOW-HOW
im Internet
www.reise-know-how.de

Aktuelle Reisetipps und Neuigkeiten, Ergänzungen nach Redaktionsschluss, Büchershop und Sonderangebote rund ums Reisen

Der
REISE KNOW-HOW Verlag
Peter Rump GmbH
ist Mitglied der
Verlagsgruppe REISE KNOW-HOW

Kauderwelsch-Dialektführer sind anders!

Warum? Weil sie die Zugereisten - egal ob touristisch oder beruflich - in die Lage versetzen, das Kauderwelsch der alteingesessenen Bewohner vor Ort mit all seinen fremdartig und zuweilen lustig klingenden Lauten und Ausdrücken wirklich zu verstehen, und sich gekonnt in die **Lebensart, das Lebensgefühl, die Lebensphilosophie** der Menschen vor Ort einzufühlen. Denn ein Dialekt ist nie nur eine andere Art zu sprechen, sondern der Spiegel einer anderen Art zu denken, fühlen, genießen, leben und lieben.

Wir verzichten daher auf lange sprachwissenschaftliche Abhandlungen über die Herkunft des Dialektes und kommen nach den **grundlegenden lautlichen und grammatikalischen Unterschieden** gleich zu dem, was Alteingesessene auf der Straße und Zuhause sprechen. So wird es ein Leichtes dem Charme des trockenen Humors und der bildreichen Sprache der deutschen Dialekte und Mundarten zu erliegen.

Die **Autorinnen und Autoren** werden Sie immer wieder zum Schmunzeln bringen und gekonnt Mentalität und Lebensgefühl des jeweiligen Sprachraumes vermitteln. Es erwarten Sie sprachliche Leckerbissen, gespickt mit **umgangssprachlichen Floskeln, Redewendungen und lockeren Sprüchen**, die den Mutterwitz der Bewohner charakterisieren.

Glücklicherweise gibt es noch Menschen - alt und jung, Zugereiste oder Alteingesessene- , die das **Hochdeutsche** mit Liebe links liegen lassen und Ihnen mit einer gehörigen Portion Dialekt einige Rätsel aufgeben. Das gilt natürlich auch für **Wienerisch** oder **Schwiizertüütsch**.

Und weil's so schön ist, erfreut sich manch ein Dialekt auch weit über die eigentlichen Sprachgrenzen hinaus großer Beliebtheit wie z.B. **Kölsch** - die Sprache der Domstadt am Rhein -, oder **Berlinerisch** - man denke da nur an Kennedy's Ausspruch "Ick bin ein Berliner"-, oder **Sächsisch**, was nach der Wende besonders oft scherzhaft nachgeahmt wurde.

Inhalt

Anhang

„Achdõng, Achdõng,
dohannà schwätzd d'Bolizei.“

I schwätz Schwäbisch õnd du?

Ohne Zweifel entlockt es manchem Mittel- oder Norddeutschen ein Schmunzeln, den ehemaligen Außenminister Kinkel sogenanntes Hochdeutsch schwätzen zu hören. Auch die baden-württembergischen **Minischderbräsidendle** zeichnen sich durch ihre eigene Aussprache aus. Bei Nicht-Einheimischen herscht häufig die Vorstellung, in ganz Baden-Württemberg lebten Schwaben, die folglich Schwäbisch sprächen. Aber sicherlich wurde jeder, der solches bereits einmal in Karlsruhe oder Freiburg geäußert hat, eines Besseren belehrt. Baden ist nämlich etwas völlig anderes als Württemberg. So manches **Nordlichd** (Norddeutscher) ist sogar der Meinung, dass das badische Freiburg und das bairische München fast beieinander liegen. Nun sind Abstände ja relativ, aber wer einmal versucht hat, mit öffentlichen Verkehrsmitteln von Freiburg nach München zu reisen, der weiß, dass dies schon eine halbe Weltreise ist. Aber um ehrlich zu sein, **mir Schwòbà** rechnen die nördlicheren Teile der Republik gefühlsmäßig ja auch schon zu Südschweden.

Dieser Band sei jedem empfohlen, der sich ein **bissle** in Sprache, Mentalität und Humor im **Ländle** hineinfühlen möchte. Und auch **Raigschmäggde** („Reingeschmeckte", also Zugezogene), werden hier sicherlich Lustiges, Nützliches und Neues finden.

Wo mr Schwäbisch schwätzd

Das Schwäbische wird ganz grob im württembergischen Teil Baden-Württembergs gesprochen sowie im Regierungsbezirk Schwaben des Bundeslandes Bayern.

Im Norden wird dieser Sprachraum begrenzt durch das Fränkische und Nordbadische, im Westen und Süden durch das Alemannische und im Osten durch das Bairische. Möglicherweise stammt die Verwirrung, dass man in ganz Baden-Württemberg Schwäbisch spräche, daher, dass das Schwäbische zu den oberdeutschen Mundarten gehört und normalerweise mit dem Alemannischen zum Schwäbisch-Alemannisch zusammengefasst wird. Diese beiden Mundarten unterscheiden sich jedoch in sehr vielen wesentlichen Punkten.

Wie jeder andere Dialekt kennt auch das Schwäbische große regionale Unterschiede. Für die Schwaben selbst ist ein wichtiges Unterscheidungsmerkmal die Aussprache des schwäbischen Wortes für „nicht“: Dieses variiert in den verschiedenen Regionen von **id, idde** bis zu **ed, edde** oder sogar **nedd**. Diese Grenzen sind natürlich fließend und müssen nicht unbedingt mit anderen Kriterien übereinstimmen.

Aber all diese Unterschiede bekommt man selbst schnell genug heraus, wenn man sich in den verschiedenen Regionen aufhält.

Frankfurt am Main
50 km
Darmstadt
Würzburg
Erlangen
KURPFÄLZISCH
Nürnberg
Mittelfranken
Heidelberg
Ansbach
BADISCH
Heilbronn
Karlsruhe
Bayern
Pforzhein
Stuttgart
Ingolstadt
Baden-
Tübingen
Ulm
Augsburg
Württemberg
Neu-Ulm
München
SCHWÄBISCH
Schwaben
ALEMAN-
NISCH
Ober-
bayern
Kempten
SCHWEIZ
ÖSTERREICH

Im Gegensatz zu nord- und mitteldeutschen Dialekten erfreut sich das Schwäbische in allen Bevölkerungsschichten großer Beliebtheit. Dialekt sprechen wird hier nicht gleichgesetzt mit mangelnder Bildung. Es ist eher umgekehrt, denn Hochdeutsch zu sprechen wird aufgefasst als „eingebildet sein" und „sich als was Besseres fühlen". Der Dialekt dient also auch der Abgrenzung gegenüber Außenstehenden.

D'Weld isch groß, se gòhd bis weid õndrhalb Kemptà nãã!

Wia saagd mr jetz au deeß?

Natürlich ist es immer schwierig, einen Dialekt in eine Lautschrift umzusetzen, so dass jeder Nicht-Schwabe einigermaßen die richtige Aussprache nachsprechen kann. Wir haben uns entschieden, die Aussprache des Stuttgarter Raums (der Landeshauptstadt) der Umschrift zu Grunde zu legen. Dies soll keine Wertung sein, aber es wäre zu verwirrend, bei den meisten Wörtern mehrere Aussprachevarianten aufzuführen. Man kommt selbst sehr schnell dahinter, wie sich bestimmte Wörter oder Laute in den verschiedenen Regionen unterscheiden.

schẽẽ lãng

Eines der wesentlichsten Merkmale des Schwäbischen ist seine Neigung zum Dehnen und zum Nasalieren von Selbstlauten: **a, e, i** und **o** werden im Prinzip vor **n** und **m** und **ng** nasal gesprochen. In der Umschrift werden diese dann wiedergegeben als **ã, õ, ẽ, ĩ.** Wenn dann auch noch beides zusammentrifft, wird's heftig schwäbisch:

Dies betrifft zwar vor allem die Vorsilben „un-“ und „an-“; ein Schwabe kann jedoch immer alle Selbstlaute nasal aussprechen!

õõããgnẽhm	unangenehm

Allerdings werden im Schwäbischen einige Wörter gedehnt, die im Hochdeutschen kurz gesprochen werden und umgekehrt, z. B.

Vaddr	Vater	**Mãh**	Mann

Selbschdlaud, Dobbllaud & Midlaud

Grundsätzlich ist der Schwabe maulfaul und das führt dazu, dass Vorsilben und Endungen wenigstens teilweise verschluckt und Wörter somit radikal gekürzt werden.

Ein **à** soll verdeutlichen, dass der Klang irgendwo zwischen „e“ und „a“ liegt, z. B. **Nudlà** (Nudeln). Ein **ò** liegt zwischen „a“ und „o“, z. B. **Schpròòch** (Sprache), **Schlòòf** (Schlaf).

Einge hochdeutsche Laute werden teilweise konsequent in andere Laute umgesetzt. Dazu gehören auch „ö“ und „ü“, die zu **e** und **i** werden: **Lecher** (Löcher), **Liftle** (Lüftlein).

Ein „u“ wird vor **m** und **n** häufig zu **o** (aber nicht immer): **Schdombà** (Stumpen).

Das schwäbische **ia** ersetzt meist das hochdeutsche „ie“: **liab** (lieb). Ein **ua** ist Ersatz für ein langes hochdeutsches „u“: **Huad** (Hut).

Ein **ei** kann sowohl mehr zum „e“ als auch zum „a“ tendieren, was nicht immer automatisch mit der Hochsprache übereinstimmt. **Leid** (Leid) tendiert zum „a“, **Leid** (Leute) hingegen mehr zum „e“.

Ein **au** kann im Schwäbischen viel breiter wirken und tendiert teilweise bis zum „ao“: **Augàbligg** (Augenblick).

Die Mitlaute **k, p, t** sind selten und werden fast immer als **g, b, d** gesprochen: **gloi** (klein), **butzà** (putzen), **Dasch** (Tasche).

Die stets stimmlose Aussprache des „s“ ist ein „Sprachfehler“, den die meisten Schwaben ihr ganzes Leben lang beibehalten.

Das **r** wird in der Kehle gesprochen, ist aber sehr wohl hörbar. Auch die Endung **-er** wird sehr dunkel ausgesprochen, das **-e-** ist dabei kaum hörbar: **Kĕndr** (Kinder).

Das **s** ist immer stimmlos wie in „Bu**s**“, vor **p, t** wird es jedoch immer wie „sch“ gesprochen: **Bschdegg** (Besteck).

Haubdwerdle

Nicht nur Hauptwörter, sondern auch Personennamen erhalten einen Artikel:

dr Siggie	der Siegfried
d'Effe	die Elfriede
's Bärbele	das Bärbelchen

Einige Hauptwörter haben ein anderes grammatisches Geschlecht als im Hochdeutschen:

dr Buddr	die Butter
dr Schogglaad	die Schokolade
dr Radio	das Radio
's Tunnell	der Tunnel

Die Endsilbe **-dse** bedeutet an Hauptwörter angehängt so viel wie „-zeug".

Schdriggedse	Strickzeug
Schleifedse	Schlitterbahn
Druggedse	Geschiebe, Gestoße

Eine **Hoggedse** müsste eigentlich eine Sitzgelegenheit sein. Meist wird damit aber eine Art Straßenfest gemeint, wo man Wein oder Bier trinken und eine Kleinigkeit essen kann.

Heid wandrà mr nòch Dibẽngà õn dann drẽnggà mr dòh uff de Hoggedse äbbes.
Heute wandern wir nach Tübingen und dann trinken wir dort beim Straßenfest etwas.

Vrgloinerõngsform

Die Verkleinerungsform spielt sozusagen eine tragende Rolle im Schwäbischen. Dies geschieht durch das Anhängen der Silbe **-le**.

Schdäffele	Treppe (egal ob es 2 oder 200 Treppenstufen sind)
Schlaule	Schlaukopf, Neunmalkluger
Schlägle	Schlaganfall

d'zwõide Fall

Der 2. Fall oder Wessen-Fall existiert im Schwäbischen nicht, sondern wird wie folgt umschrieben:

's Wassr vom Brõnnà
das Wasser des Brunnens

ẽm Ernschd sei Jõngr
dem Ernst sein Junger
Ernsts Sohn

dr Dãnde ihr Dasch
der Tante ihre Tasche
Tantes Tasche

dr Sophie ihrem Mãh sei Bäsle
der Sophie ihrem Mann seine Kusine
die Kusine von Sophies Mann

Wem seine Schlissl fahrà jetz a dòh scho widdr ròm?
Wessen Schlüssel liegen hier denn schon wieder herum?

Aussm Frãnzesischà iebrnõmmà

's Bodschamberle	Nachttopf; *(in neuerer Zeit meist:)* große Kaffetasse	*pot de chambre*
's Schässloh/Kanapee	Sofa	*chaise longue, canapé*
's Waschlafohr	Waschschüssel	*lavoir*
's Trottwar	Gehsteig	*trottoir*
's Pòrtmonee	Geldbeutel	*Portemonnaie*
's Malöör	Unglück	*malheur*
wief	helle, aufgeweckt	*vif*
schassà	rauswerfen	*chasser*
brässand	dringend, eilig	*pressant*
Pòhseele	Stiefmütterchen	*pensée*
d'Kuraasch	Mut	*courage*
d'Bagaasch	unzuverlässige Leute, Gesindel	*bagages*

Där hòd koi Kuraasch nedd.
Der hat den Mut nicht dazu.

Desch jetz au à schẽẽne Bagaasch!
Da haben wir den Salat.

Àm Ernschd sei Jõnge, deschd à wiefe.
Ernsts Tochter ist ziemlich aufgeweckt.

Den hẽnd se gschassd, weil är drõnggà hòd.
Der wurde entlassen, weil er getrunken hat.

D'Judda hòds abbr brässand.
Jutta hat es aber eilig.

D'Zeid

Schon an der Uhrzeit kann man erkennen, dass der Schwabe ein vorausdenkender Mensch ist.

11.00	**elfe**	elf Uhr
11.15	**virrdl zwelfe**	Viertel nach elf
11.30	**halbr zwelfe**	halb zwölf
11.45	**drei virrdl zwelfe**	Viertel vor zwölf
11.55	**hẽggschde Zeid**	höchste Zeit

Stellen Sie sich vor, Sie haben sich mit jemandem verabredet und der/die Andere taucht einfach nicht auf. Dann kann das ganz einfach daran liegen, dass Sie die Zeit doch nicht richtig verstanden haben.

Wie schbääd hẽmmers denn biddschẽẽ?
wie spät haben-wir-es denn bitteschön
Wie viel Uhr ist es denn bitte?

S'isch virrdl viere.
es-ist viertel vier
Es ist Viertel nach drei.

Wẽnn geit's Ässe?
wann gibt-es Essen
Wann gibt es Essen?

Õm wiviel Uhr sẽnden ihr widdr drhoim?
Um wie viel Uhr seid ihr wieder zu Hause?

Bei ons isch de gãnz Daag äbbr dòh.
Bei uns ist den ganzen Tag jemand zu Hause.

Ja, nõh komme õm àm elfr ròm.
Also dann komme ich gegen elf.

Mr sodded schõ zeãh vor neine dord sei.
Wir sollten schon zehn vor neun dort sein.

Haja & Ha noi

Haja bedeutet „ja, natürlich“, **ha noi** lässt sich nicht so einfach übersetzen. Mit diesem Ausruf meint der Schwabe nicht etwa die vietnamesische Hauptstadt – aber etwas Asiatisches hat dieser Klang doch: Wie in den meisten asiatischen Sprachen muss man nämlich auch bei diesem Wort auf die Tonhöhe achten, um ihren Sinn zu begreifen.

Wissenschaftler haben knapp 30 verschiedene ha noi's *ausfindig gemacht! Übung macht auch hier den Meister!*

Ha noi! – Kurz und hoch, beinhahe spitz gesprochen; drückt eine zwar deutliche, aber sehr wohl höfliche Ablehnung aus.

Isch där Kaffee dòh nõh frisch? **Ha noi!**
Ist dieser Kaffee noch frisch? Nein.

Ha nõõi! – Das **õ** wird lange gezogen, das **nõõi**, wird tiefer gesprochen als das **ha**; drückt aus, dass die Sache doch schon lange klar ist.

Ha nõõi, nadierlich fõngtionierd des nedd. Des hãn i dr doch scho hõnderd Mòl gsaagd!
Aber nein, natürlich funktioniert das nicht. Das habe ich dir doch schon hundertmal gesagt!

Ha nõi! – Tief aus dem Bauch heraus gesprochen, mit Nachdruck auf **õ** (das den tiefsten Ton ausmacht); drückt Unverständnis aus.

Ha nõi!
Unglaublich!/
Das darf ja wohl nicht wahr sein!

Sodele jetzedle

Das Schwäbische hat auch einige Sonderwörter hervorgebracht: **Sodele** heißt „so“ und wird vor allem dann gebraucht, wenn man gerade etwas fertig gemacht oder zum Abschluss gebracht hat.

Sodele, jetz ischs Zeid fir à Virrdele.
so, jetzt ist-es Zeit für ein Viertelchen
So , jetzt habe ich ein Gläschen Wein verdient.

Man kann es aber auch als Gesprächsstoff nutzen, wenn man kein Thema hat, über das man reden kann. Ein Dialog frei nach den im Ländle immer noch bekannten und beliebten beiden schwäbischen kabarettistischen Figuren **Häberle** und **Pfleiderer** würde ungefähr folgendermaßen beginnen:

fai

Fai bedeutet wörtlich „fein“, was es auch durchaus heißen kann. Genausogut kann man es aber auch verwenden für „halt, aber, doch“.

Das des fai glar isch!
das das fein klar ist
Habe ich mich deutlich genug ausgedrückt?!

Des kòhsch fai edd machà!
Das kannst du doch nicht machen!

So isch's fai au widdr ...
so ist-es halt auch wieder
Ja, ja, so ist das Leben ...

Des isch fai so.
Das ist eben so und nicht anders.

hanò

Hanò kann Ausruf der Überraschung oder Entrüstung sein:

Hanò, wen hẽmmer denn dòh?
Nanu, wenn haben wir denn da?

Hanò, so gòhd's jòh nedd!
Also wirklich, so geht's ja nicht!

Hanò!
Aber hallo! / Also wirklich!

Awa!
Ach was!

gell / gelletse

Gell(etse) ist das schwäbische „Stoppwort" schlechthin. Wo andernorts ein „wa" (preussisch) oder „oder" (schwyzerdütsch) ausgestoßen wird, artikuliert der Schwabe ein deutliches **gell.**

Da der Schwabe an sich ja bekanntermaßen höflich ist, ist er auch der einzige, der für sein Stoppwort auch eine Höflichkeitsform kennt, nämlich **gelletse**.

Schēē isch's heid, gelletse?
Schönes Wetter haben wir heute, finden Sie nicht auch?

Damit aber nicht genug: **Gell** kann auch am Satzanfang stehen oder sogar einen ganzen Satz ausmachen!

Gell, i hãn's gwissd, dass heid rägnd.
Habe ich es nicht gewusst, dass es heute regnet.

Gelletse Frau Nusser, nòch so re Schdõnd Tschässgimnaschdich isch mr halbã heh.
gell Frau Nusser, nach so einer Stunde Jazzgymnastik ist man halb tot
Nicht wahr Frau Nusser, nach einer Stunde Jazzgymnastik ist man ganz schön fertig.

Gell?
Oder etwa nicht?

Gell!
Aber sicher!

phäp (knapp/eng)

Was parkd'n där Bauràseggl sein Karre so phäp hẽnner õnserm Audo. Dòh kommd jòh koi Sau raus.
was parkt-denn dieser Bauernsäckel seinen Karren so eng hinter unser Auto. Da kommt ja keine Sau heraus
Warum parkt dieser Idiot sein Auto so eng hinter unser Auto. Da kann ja keiner mehr rausfahren.

Phäp *(wörtl. „eng“) kann verschiedene Bedeutungen annehmen.*

Die isch abbr gãnz arg phäp.
sie ist aber ganz sehr genau
Die nimmt aber alles sehr genau.

rääs (sauer/herb)

Där Moschd isch abbr arg rääs.
der Most ist aber arg herb
Bei diesem Most rollen sich die Zehennägel auf.

Die Ebfl sẽnd abbr arg rääs.
diese Äpfel sind aber sehr sauer
Diese Äpfel sind sehr sauer.

Das Wörtchen „sehr“ wird fast immer durch andere Wörter ersetzt.

Mei Hausfra isch à rääse.
meine Hausfrau ist eine herbe
Mit meiner Hausbesitzerin ist nicht gut Kirschen essen.

lommelich (schlapp)

Was sẽnn'n des fir lommeliche Blõãmà.
was sind-denn das für schlappe Blumen
Die Blumen lassen die Köpfe hängen.

Dieses Wort lässt sich einer Umfrage unter dem schwäbischen männlichen Geschlecht zufolge nur theoretisch im Zusammenhang mit dem edelsten Teil des Mannes verwenden.

schderrich (sperrig)

Der isch arg schderrich.
Der ist sehr unfreundlich.

Der Ebfl isch scho a wẽng schderrich.
Der Apfel schmeckt nicht mehr gut.

schrõmbelich (schrumpelig)

schrõmbelich *kann der Schwabe nicht nur auf Obst, sondern auch auf Frauen beziehen.*

Des Obschd isch abbr schrõmbelich.
Diese Obst ist aber nicht mehr knackig frisch.

Die isch hald au scho ald õnd schrõmbelich.
Sie ist eben schon alt und hat viele Falten.

henderschefier (umständlich)

Henderschefier isch au gfahrà.
Man kann die Sache auch umgekehrt anfangen.

schlau

Schlau ist ein Allerweltswort, mit dem man je nach Betonung viele verschiedene Dinge von „in Ordnung“ bis „sehr schön“ ausdrücken kann.

Wie war eier Fäschdle?
Wie war euer Fest?

Schlau.	Nett.
Jòh, schlau.	Ganz nett.
Gãnz schlau.	Sehr schön.

Was dẽhnen dia dòhanne ẽn denne Dennele drẽnnà?
(Was tun denn die da drüben in der Tannenschonung?)

drialà (trödeln, sabbern)

Bass uff, du drialsch!
Pass auf, du sabberst! *(beim Essen)*

Etz beeil die àmòl õn drial edd so ròm.
Jetzt beeile dich schon und mach nicht so lahmarschig. *(Geschwindigkeit)*

Häberle & Pfleiderer

Ein echter Schwabe legt sich einen Namen zu, der auf **-le** endet. Falls er dennoch unglücklicherweise den Namen **Meier** geerbt haben sollte, wird er sich mit einem Funken Ehre sofort in **Maier** umtaufen, was für schwäbische Ohren gleich viel besser klingt.

Gugg, dòh kommd de Brendles Fritz!
Schau da kommt Fritz Brentle!

D'Maile isch heid abbr frie dròh.
Frau Maile ist heute aber schon früh dran.

em Höschles Norbert sei Große
die älteste Tochter von Norbert Höschle
(wie auch immer sie heißen mag)

s'Rainerle	der Rainer *(Kind)*
s'Hobfels	die Familie Hopfel

Besonders bei Vornamen neigt das Schwäbische dazu, die Wörter fast bis zur Unkenntlichkeit zu verändern. Dass aus Klara und Karl **Klärle** und **Karle** werden, kann man noch verstehen. Schwieriger wird es bereits bei **Dorle** (Dorothea) oder **Resl** (Theresa), ganz bunt wird es dann aber bei **Schorsch** (Georg), **Sepp** (Josef), **Effe** (Elfriede) oder **Uulrigge** (Ulrike).

Griaß Goddle midãnandr!

Die wichtigsten Begrüßungs- und Verabschiedungsformeln lauten:

Guadà Morgà!	Guten Morgen!
Griaß Godd! *grüß Gott*	Guten Tag!
Griaß Goddle! *grüß Göttchen*	Guten Tag!
Gudn Õbnd!	Guten Abend!
Ade!/Adele!	Auf Wiedersehn!
Tschissle!	Tschüss!
Guad Nachd!/ Guads Nächdle!	Gute Nacht!

Ja dr Härr Maier. Ja Sie hãn i jetz au scho lang nẽmme gsää!
Guten Tag Herr Meier. Sie habe ich aber auch schon lang nicht mehr gesehen.

Ja Frau Bantle, wia gòhd's Eãnne denn?
Hallo, Frau Bantle, wie geht es Ihnen denn?

Jòh, mr lääbd.
ja, wir leben
Danke, gut.

'S gòhd so.
es geht so
Danke, gut.

So Frau Webr, sẽnd Se au mòl widdr ẽm Schdädle?
So Frau Weber, sind Sie auch mal wieder in der Stadt?

I han laud õn deidlich 'Hobbla' gsaagd!

Zwar gelten Schwaben gemeinhin als **bruddlich** (nörgelig). Sie können aber auch durchaus höflich daher kommen.

biddschẽẽ	bitte, bitteschön
danggschẽẽ	danke, dankeschön
Tschuldichõng!	Entschuldigung!
Hobbla!	Verzeihung!
Scho rächd.	Kein Problem!
schon recht	
Nix bassierd!	Nichts passiert!

Wie schbääd hẽmmers denn biddschẽẽ?
Wie viel Uhr ist es denn bitte?

Desch mr abbr arg.
Das tut mir aber sehr Leid.

Des fraid me abbr saumäßich.
Das freut mich aber außerordentlich.

Ha des hädd's doch nedd breichd.
Herzlichen Dank, das wäre doch nicht nötig gewesen.

Wer bei õns hõngerd, isch z'faul zõm Ässà

Im süddeutschen Raum isst man gern und viel. Alle, die sich in diese Gegend verirrt haben, werden feststellen, bei dem reichhaltigen Angebot **isch fir jedn äbbes drbei**.

Schwäbische Schbezialidäädà

Eines der bekanntesten schwäbischen Gerichte sind sicher die **Schbätzle.** Und die sind – wie die schwäbische Küche im Allgemeinen – herzhaft und nahrhaft. Traditionell würde man diese Küche eher als Hausmannskost bezeichnen, geradeheraus ohne viel Schnickschnack. Es wird allerdings viel Wert auf die Qualität der verwendeten Produkte und die Zubereitung gelegt.

Die echten Spätzle sind handgeschabt, das heißt, der Teig wird auf ein **Schbätzlesbrädd** gestrichen, und dann werden ganz dünne Rollen abgeschabt, die ins kochende Wasser fallen. Allerdings verlangt das viel Fingerfertigkeit und nicht mehr jede Hausfrau hat diese. Ganz zu schweigen von der Kraft und der Zeit, die dafür nötig ist. Daher werden die Spätzle häufig mit einer **Schbätzlesmaschẽẽ** (Spätzlemaschine), die es in den merkwürdigsten Ausführungen gibt, hergestellt.

Spätzle

Für Spätzle *brauchen Sie:*

500 g Weizenmehl
5 Eier
2 TL Salz
Wasser

Alles zu einem zähen Teig verarbeiten, der so lange geschlagen werden muss, bis er Blasen wirft. Danach den Teig mindestens eine halbe Stunde stehen lassen. Den Teig in kochendes Salzwasser schaben oder drücken, einmal aufwallen lassen und die Spätzle herausholen, wenn sie an der Oberfläche schwimmen. Abschrecken. Vor dem Servieren noch einmal kurz in kochendes Salzwasser eintauchen.

Sie können als Hauptgericht in der Form von Käsespätzle, Krautspätzle oder Leberspätzle gegessen werden, aber eigentlich gilt:

D'Schbätzlà miaßed schwẽmmà.
Die Spätzle müssen schwimmen.

Deshalb dienen sie meistens als Beilage zu Fleisch:

am beschdà Bròòdà mid Sooß
am besten Braten mit Sauce

Gaisburger Marsch

Deftiges Eintopfgericht aus Kartoffelschnitzen, Spätzle und Rindfleisch in einer Brühe.

Linsen und Spätzle

Auch ein ziemlich nahrhaftes Gericht, Linseneintopf mit Rauchfleisch oder **Saidàwirschdlà** (Wiener Würste) und Spätzle.

Maultaschen

Noch eine weitere bekannte Spezialität sind die Maultaschen. Diese haben die Schwaben angeblich als **Bscheißerle** (Bescheißerlein) erfunden, da sie auch am Freitag und in der Fastenzeit nicht auf den Fleischkonsum verzichten wollten.

Natürlich schmecken sie am besten selbstgemacht. Dafür braucht man einen Nudelteig, den man entweder an bestimmten Tagen beim Bäcker kann kaufen (nachfragen, wann's **Nudldaig** gibt) oder selbst machen muss, **abbr des isch à Saugschäfd** (schrecklich viel Arbeit): Der Nudelteig wird in Vierecke unterteilt und diese Vierecke werden gefüllt mit: Spinat, in Butter geschmälzten Speckwürfeln, Bratwurstbrät oder Hackfleisch, Schinken, Eiern, Zwiebeln, Petersilie und Gewürzen.

Entweder isst man Maultaschen in einer Fleischbrühe oder angebraten mit Zwiebelringen und grünem oder Kartoffelsalat.

Schupfnudeln

Diese Köstlichkeiten aus vorgekochten Kartoffeln und Mehl, Eiern und Gewürzen, angebraten in Butterschmalz, werden wegen ihrer Form (etwa so groß wie ein kleiner Finger und in der Mitte etwas dicker) auch **Buabàschbitzlà** (Jungenpenisse) genannt. Man isst die **Schubfnudlà** z. B. zu Sauerkraut.

Rostbraten

Der Rostbraten ist eines der beliebtesten Gerichte. Das gebratene Fleisch ist bedeckt von einer Lage gerösteter Zwiebeln. Und wie wird er serviert?

Zõm Roschdbròòdà khẽẽred Schbätzle õnd àn gmischdà Salaad.
Zum Rostbraten gehören Spätzle und ein gemischter Salat.

Schwalbennester

Schwalbànäschdlà sind Rouladen, die um ein Ei gewickelt werden und mit einer Schnur und Zahnstochern zusammengehalten werden. Dann in einer kräftigen braunen Sauce im Herd erwärmen. Zum Servieren der Länge nach in der Mitte durchschneiden. Dazu passen eigentlich nur – was auch sonst? – Spätzle!

Flädlesuppe

Flädle sind in dünne Streifen geschnittene Pfannkuchen, die in einer Fleischbrühe serviert werden.

Brezel

Es ist sicherlich nicht übertrieben zu behaupten, dass die meisten Schwaben keinen Tag ohne die obligatorischen **Brätzlà** und **Laugàwegglà** (Laugenbrötchen) aushalten können. Noch etwas warm, weil frisch vom Bäcker, und mit Butter: **des schmeggd õifach sauguad**. Das Wichtigste an einer Brezel ist, dass sie **schẽẽ reesch** (schön knusprig) sein muss, und sie dürfen unter keinen Unständen **dalgich** (teigig) sein. Leider können ausschließlich schwäbische, badische und bairische Bäcker schmackhaft mit der Lauge umgehen. Was einem andernorts unter gleichem Namen vorgegaukelt wird, ist nicht mal ein fader Abgeschmack. Schon deshalb lohnt sich ein Besuch im Ländle!

Ein halbverhungerter Mann klingelt an der Tür. Die schwäbische Hausfrau öffnet:
"Was welled Se?" – "Guade Fra, i hãn scho seid drei Daag nix mee gässà!" – "Sie missed sich hald zwĩngà."

Schwäbische Tomatensuppe

Man nehme einen tiefen, roten Teller und fülle ihn mit warmem Wasser.

Gässà wär, wenn nõh a scho gschaffd wär.
Gegessen wäre, wenn nur die Arbeit schon getan wäre.

Liebr àn Rãnzà vom Ässà als àn Buggl vom Schaffà.
Lieber einen Bauch vom Essen als einen krummen Rücken vom Arbeiten.

Greifed nõh zuà – was uff'm Disch schdõhd, isch scho vrschmerzd.
greift nur zu, was auf-dem Tisch steht ist schon verschmerzt
Greift nur zu, was auf dem Tisch steht, ist schon bezahlt.

Schläggich wia àn jõnge Dẽnger.
schleckig wie ein junger Dinger
Ganz schön verwöhnt/wählerisch sein.

Àn Guada õnd Brooschd!
Guten Appetit und Prost!

Was drẽngged mr?
Was trinken wir?

drẽnggà

Hier sind wir an einem Punkt angekommen, an dem von der sprichwörtlichen Sparsamkeit der Schwaben mit einem Male nichts mehr zu spüren ist. Schließlich braut der Schwabe ja auch sein eigenes Bier und baut seinen eigenen Wein an. Dass die Schwaben ihren eigenen Wein über alles lieben, zeigt sich auch daran, dass er nur in sehr begrenzten Mengen über die Landesgrenzen hinaus exportiert wird. Und so bietet es sich eigentlich an, dass man im Herbst eines der unzähligen Weinfeste entlang der Winzergenossenschaften besucht. Aber auch unter dem Jahr kann man genüsslich **aikehrà** (einkehren), also eine Gaststätte besuchen.

Wirdschafd	Gaststätte / Restaurant
Boiz	Kneipe

Was welled-Se (drẽnggà)?
Was möchten Sie (trinken)?

à Virrdele	ein Glas Wein
à Schorle	halb (Weiß-)Wein, halb Mineralwasser
à Halbe	ein Glas Bier
à Radler	halb Bier, halb Zitronenlimonade
àn Moschd	ein Glas Most
à Virrdele schlotzà	ein Glas Wein trinken

Där Wei isch etzed abbr scho à bissle rääs.
Dieser Wein schmeckt aber schon etwas herb.

**I mõg de Ebflmoschd àm liebschde,
wenn 'r scho a bissle grisse isch.**
Ich mag den Apfelmost am liebsten,
wenn er schon etwas vergoren ist.

I häd gern nõh à Woize.
Ich hätte gerne noch ein Weizenbier.

**Frailain, dabfer, brenged-Se mr nõh
àn Drollinger, gell.**
*Fräulein, tapfer, bringen Sie mir noch
einen Trollinger, gell*
Fräulein, bitte bringen Sie mir schnell noch
einen Trollinger-Rotwein.

Ammà Rausch isch ed dr Wai schuld, sondern dr Drẽnggr.
An einem Rausch ist nicht der Wein schuld, sondern der Trinker.

Der Trollinger und der Lemberger sind typische Trauben **(Dreiblà)**, die auf den schwäbischen Weinbergen geerntet werden. Oftmals wird die Lemberger-Traube der Trollinger-Traube hinzugegeben. Der Trollinger ist ein angenehmer Rotwein, der sich relativ leicht anfühlt – und genau darin liegt seine Gefahr, denn die Versuchung ist groß:

Õis nõh!
Noch ein Glas!

Ha komm, õis gòhd ẽmmer nõh nai!
Also bitte, ein Glas geht doch immer noch!

Also guad, õis nẽmmer mr nõh.
Also gut, ein Glas trinken wir noch.

Die Konsequenz lässt nicht lange auf sich warten:

Die hòd mr abbr àn Dibbl.
die hat mir aber einen Dippel
Die ist aber besoffen.

Der hòd àn jesesmäßige Balle.
er hat einen jesusartigen Ballen
Er hat ziemlich einen in der Krone.

Aber es geht natürlich auch ohne Alkohol:

saure Schbruudl	Mineralwasser
siaße Schbruudl	Zitronen-/Orangen-limonade
Schbeezi	halb Cola, halb Fanta
Safd	Saft
Ebflschorle	halb Apfelsaft, halb Mineralwasser

Õnd zõm Väschbr?
Und zum Abendbrot?

Der Most ist allerdings nicht jedermanns Sache, denn der kann ziemlich rääs *sein, was heißt, dass er ziemlich sauer ist.*

Beim Väschbr ãbeds gait's à Bier oddr au àn Mooschd.
beim Vesper abends gibt's ein Bier oder auch einen Most
Zum Abendbrot gibt's Bier und Most.

Und wenn man zu viel gegessen hat, bekommt man sicherlich ein **Vrreißerlà** (Verreißerlein) angeboten, einen Kräuterschnaps oder ein Obstwasser, meist **àn Kirsch** (ein Kirschwasser), zur Verdauung.

En dr Wirdschafd

Falls Sie ortsunkundig sind, könnten Sie mit der folgenden Frage den Anfang machen:

Khẽnned-Se mr à gscheidà Wirdschafd oddr à gmiadliche Boiz sagà?
Können Sie mir eine gute Gaststätte oder eine gemütliche Kneipe empfehlen?

Derfed-mr õns zu Eãhnà an d'r Disch nòhoggà?
Könnten wir uns zu Ihnen an den Tisch setzen?

Frailain / Herr Ober, d'Schbeiskard bidde.
Bedienung / Ober, die Speisekarte bitte.

I nẽmm ... / Brẽnged-Se mir/õns ...
Ich hätte gern ... / Bringen Sie mir/uns ...

I hãn àn Sauhõngr.
Ich habe einen Mordshunger.

I hãn koin rächdà Hõngr.
Ich bin nicht so hungrig.

Mir welled bloß äbbes drẽnggà / äbbes väschbrà.
Wir wollen nur etwas trinken / eine Kleinigkeit essen.

Schbeiskard

Zu einem ordentlichen **Friehschdigg** gehören:

Gneisle *heißt das Anfangsstück eines Brotlaibs,* Riebele *das Endstück.*

Wegglà	Brötchen
Buddr	Butter
à waichs Ai	ein weiches Ei
Hẽrnlà	Hörnchen
Hefezobf	Hefezopf
Kääs	Käse
Gsälz	Marmelade
Wurschd	Wurst
Schẽnggà	Schinken
Siaßschdoff	Süßstoff
Zuggr	Zucker
Zidrõõn	Zitrone

Für viele Schwaben gilt noch immer: zu jedem Essen bitte Fleisch. Beliebt sind vor allem auch Gerichte aus Eingeweiden, z. B. saure Nierchen/Kutteln, wenn auch vor allem letztere nicht jedermanns Sache ist.

Liabr à Laus ẽm Graud als gar koi Floisch.

Bròòdà	Braten
Aidobf	Eintopf
Flaischkiechle	Frikadelle
Gfliegl	Geflügel
Geggalà	Hühnchen
Graudwiggl	Krautwickel
Rehschleegl	Rehschlegel
Ribble	Rippchen
Saurbròòdà	Sauerbraten
saure Kuddlà	saure Kutteln
Wildsau	Wildschwein

Bei diesen Bezeichnungen handelt es sich um **Gmies** (Gemüse):

Aggrsalaad/Sonnewirbelà	Rapunzelsalat
Gurgà/Gugommer	Gurken
gälbe Riabà *gelbe Rüben*	Mohrrüben
Äbiere/Grombiere/Kardofflà	Kartoffeln

Zum **Nòòchdisch** können Sie sich ruhig mal **siaßà Schdigglà** (Gebäckteilchen) genehmigen! Sie müssen ja nicht mit der **Buddrgrẽẽmdord** (Buttercremetorte) anfangen.

Dreibleskuachà	Johannisbeerkuchen
Ebflkuachà	Apfelkuchen
Bräschdlẽngsderdle	Erdbeertörtchen
à Fanilleis mid	ein Vanilleeis mit
Schogglaadsooß	Schokoladensauce
Fasnetskiachlà *Karnevalsküchlein*	Krapfen (gibt es nur zur Karnevalszeit)
Quarg	Quark
Guadslà, sälbr baggà	Kekse, selbst gebacken

Beim **Väschbr** (Abendbrot, kleine Brotmahlzeit) greifen Schwabe und Schwäbin auch tüchtig zu:

Oxàaug *Ochsenauge*	Spiegelei
Wurschdbrood	Wurstbrot
Bròòdwurschd	Bratwurst
Grießgleeslàsubb	Grießklößchensuppe

Gäbb mr àmòl Bfeffr õn's Salz ròm.
gib mir einmal Pfeffer und-das Salz herum
Reich mir bitte mal Pfeffer und Salz.

Des isch ...
Das schmeckt ...

guad	gut
scheißlich	schrecklich
vrsalzà	versalzen
ãhbrennd	angebrannt
dodaal vrgròòdà	vollkommen misslungen

Des schmeggd wia àigschlòòfene Fiaß.
das schmeckt wie eingeschlafene Füße
Das schmeckt schrecklich fad.

En dem Salaad fähld de Essich.
In dem Salat fehlt Essig.

Mir fähld nõh à Gabl/Mässr/àn Leffl.
Mir fehlt noch eine Gabel/ein Messer/Löffel.

's Mässr / Mässerle	Messer(chen)
de Leffl / Leffele	Löffel / kleiner Löffel
d'Gabl / Gäbele	Gabel / kleine Gabel
d'Bixàeffnr	Büchsenöffner
d'Flaschàeffnr	Flaschenöffner
Zãhschdochr	Zahnstocher

Willsch du nòh äbbes oddr soll i die Schissl voll läär machà?
Möchtest du noch etwas oder kann ich die Schüssel leer essen?

Frailain, mir brässierd's.
Fräulein, ich habe es eilig.

Wia, sie khẽnned edd huddlà?
Was soll das heißen, sie können auch nicht hexen?

Mir dääded gern zahlà.
Die Rechnung, bitte.

Kiddl õnd Koschdiehm

Der letzte Schrei muss es bei der Mode nicht in jedem Fall sein. Vielmehr freut sich ein Schwabe über gute Qualität (nicht umsonst stehen im Schwabenländle jede Menge Textilfabriken, unter ihnen natürlich auch der „Boss“) oder wenn er ein Schnäppchen machen kann.

Kann er beides miteinander verbinden, frohlockt das Schwabengeldbeutelherz in den höchsten Tönen.

Wa koschd des? Dòh fähld's Bäbberle.
Wie viel kostet das? Hier fehlt das Preisschild.

Desch jòh õbachà deier!
Das ist ja unverschämt teuer.

Ha, jetz schdiered-Se doch edd so vrriggd ẽn denne Sachà ròm.
Na, jetzt wühlen Sie doch nicht so verrückt in diesen Sachen herum.

Sodd hald dòdrzua bassà.
sollte halt dadazu passen
Es sollte hierzu passen.

I mechd àmòl naischlubfà.
ich möchte einmal hineinschlupfen
Ich möchte das mal anprobieren.

Hääs	Kleidung
Bischdàhaldr	BH
Bliesle	Bluse
Grawadd	Krawatte
Hẽmmàd, Hẽmdà	Hemd
Hẽmmedr	Hemden
Hõõß	Hose
Hõõßàdräägr	Hosenträger
Jagg	Jacke
Kiddl	Jackett
Koschdiehm	Kostüm
Schdrẽmbf	Strümpfe
Schdrõmbfhõõß	Strumpfhose
Schdiefl	Stiefel
Seggl, Mz. **Segglà**	Söckchen
Soggà	Socken
Schlòòfããzug	Schlafanzug
Schuahneschdl	Schnürsenkel
Õndrwesch	Unterwäsche

Des isch mr ...
Das ist mir ...

z'loddelich	zu locker
z'groß	zu groß
z'gloi	zu klein
z'broid	zu breit
z'eng	zu eng
z'faad	zu langweilig

Hẽnd-Se nedd nõh äbbes anderschts?
Haben sie nicht noch was anderes?

Ẽn dem Bliesle fählà jòh d'Gnebf!
An dieser Bluse fehlen ja die Knöpfe!

Des will i aaidauschd hõh!
Das möchte ich umtauschen!

Brauched-Se à Gugg oddr gòhd's a so?
Brauchen Sie eine Tüte oder geht es auch so?

Ha, wenn-Se mr vielleichd à glois Giggle hädded, sonsch sẽnd dia Hẽmmedr jòh glei dregged.
Wenn sie eine kleine Tüte hätten, damit die Hemden nicht gleich schmutzig werden.

Khẽnned-Se mr's scheẽ aipaggà, 's soll à Gschengg sei.
Könnten Sie mir das schön einpacken, es soll nämlich ein Geschenk sein.

Schaffà, schaffà, Heisle bauà

Schaffich ist man dann, wenn man fleißig ist. Wer gemütlich vor sich hin arbeitet, der **wärgeld** (werkelt) Wer arbeitswütig ist, ist ein **Wuahler** (Wühler). Wer sich kaputt arbeitet, ist **fix õnd heh** (fix und kapput). Daraus folgt:

Schaffà isch à Gschäfd.
Arbeit ist eine Arbeit.

Und wenn jemand keine gute Arbeit geleistet hat, heißt es:

Desch koi Ärbed edd.
das ist keine Arbeit nicht
Das ist keine Arbeit.

Wenn der Schwabe zur Arbeit in den Betrieb geht, dann sagt man: **är isch em Gschäfd**.

Wer keine Lust hat, **hòd koin Schaffgoischd** (hat kein Arbeitsethos), und wer zu langsam ist, **schaffd wia à Drããfõnzl** (arbeitet wie eine Tranfunzel), langsam eben. Wem es zu viel geworden ist, der **hõd de Bäddl nãgschmissà** (hat also aufgegeben).

Und so erschließt sich uns das wirkliche Lebensziel des Schwaben:

Haubdsach, mr kãh äll Daag uffschdãndà õnd schaffà!
Hauptsache, man kann jeden Tag aufstehen und arbeiten!

Dann gibt es noch solche, die gar nichts tun:
Was machschn du heid? – De Schnäggà uff d'Schwänz schlagà, bis se belled.
(Den Schnecken auf die Schwänze schlagen, bis sie bellen).

Die zweite Lieblingsbeschäftigung neben dem **Schaffà** ist das **Schbarà** (Sparen), weshalb gilt:

À haussichs Weib isch d'beschd Schbarkas.
Eine häusliche Frau ist die beste Sparkasse.

Am liebsten würden alle Schwaben im Eigenheim mit Garten wohnen – und so spart man eben, was geht, und baut in Eigenarbeit, was man kann. Und dann gehört da auch ein Stück Garten zum Haus, in dem man selbstverständlich wenigstens einen Teil Nutzgarten hat, schließlich kann man da sein Gemüse und Obst selbst ernten und muss es dann nicht mehr für teures Geld kaufen.

s'Gärdle

S'õigne Sach schmeggd hald doch àm beschdà. Mai Mãh saagd älleweil: Des Glõmb vom Subbermarggd äss i fai nedd.
Die eigenen Sachen schmecken eben doch am besten. Mein Mann sagt immer: das Zeug aus dem Supermarkt esse ich auf gar keinen Fall.

Graad hãn i nõh àn Gräädà Dreiblà zobfd.
Gerade habe ich noch einen Korb Johannisbeeren gepflückt.

À guade Hausfra hòd ẽm Haushald Gschäfd graad gnuag: butzà, kochà, wäschà, bieglà, fliggà ...

Desch fai schõ äbbes Schẽẽs, wẽmmer àm Sommr naussitzà kãh.
Das ist schon etwas Schönes, wenn man im Sommer draußen sitzen kann.

Bloß mid derre Schorerei duud sich mei Eigeen in letschdr Zeid scho schwär.
Nur das Umgraben fällt meinem Eugen in letzter Zeit schwer.

I muass nõh gschwẽnd s'Gaardedeerle zuaschließà.
ich muss noch geschwind das-Gartentürchen zuschließen
Ich muss eben noch das Gartentor abschließen.

'S rägnd. Dòh isch mei Gießerei graad fir d'Katz gwä.
Es regnet, da habe ich ganz umsonst gegossen.

's Heisle

Wer sich allen Ernstes überlegt, in den wilden Süden umzuziehen, wird es sehr bald mit dem Phänomen Kehrwoche zu tun bekommen. Denn getreu dem Motto: **Haubdsach saubr**, werden nicht nur Hauseigentümer, sondern auch Mieter dazu verpflichtet, gemeinsame und öffentliche Räume zu putzen.

Bei de Kehrwoch missà 's Trottwar õnd Kellerschdäffele kheerd werrà õnd 's Drebbàhaus butzd.
Bei der Kehrwoche müssen der Gehsteig und die Treppen in den Keller gefegt werden und das Treppenhaus geputzt werden.

D'Wesch wird uff dr Biehne uffkhẽngd õnd nedd uff dr Werãnda. Mr kõh jòh nedd d'Wesch uff d'Schdròòß naushẽnggà.
Die Wäsche muss auf dem Dachboden aufgehängt werden und nicht auf dem Balkon. Man kann die Wäsche ja nicht auf die Straße hinaus aufhängen.

Was solled'n dòh Nòchbr dẽnggà.
Was sollen denn da die Nachbarn denken.

Ach du liab's Herrgeddle jetz hãn i gãnz vrgässe, neie Millmärgle zom kaufà fir d'Kuddroimr.
Ach je, jetzt habe ich doch vergessen, neue Müllmarken für den Mülleimer zu kaufen.

I hãn denggd, i khẽnd àmòl à Bsiechle machà.
Ich habe gedacht, ich könnte mal einen kurzen Besuch abstatten.

Jò, des fraid me abbr arg, dass Se bei õns raiguggà welled.
Das freut mich aber sehr, dass Sie bei uns vorbeikommen.

Kõmmed-Se nõh rai en d'Schdub.
Kommen Sie doch herein in die gute Stube.

Welled-Se au õnsr neie Eggbank sähà?
Wollen Sie auch unsere neue Eckbank sehen?

Des Schässloh isch abbr arg schẽẽ.
Das Sofa ist aber sehr schön.

Des isch à Ärbschdigg vom meim Mãh seire Muddr.
Das ist ein Erbstück meiner Schwiegermutter.

Õnd des bassd õifach guad zu derrà Fidrien.
Und das passt einfach sehr gut zu diesem Vitrinenschrank.

Die andre Zẽmmer khẽnned-mr nedd ãhguggà, weil i nõh koi Zeid khedd hãn zõm Uffraimà.
Die anderen Zimmer können wir nicht ansehen, weil ich noch keine Zeit zum Aufräumen gehabt habe.

Vorsicht: Versäumen Sie nie die Pflicht zur Kehrwoche, wenn das Kehrwochenschild an Ihrer Türe hängt – dies wird unverweigerlich zur Missbilligung, wenn nicht gar zur Ausgrenzung aus der schwäbischen Gemeinschaft führen!

Näggschd Jòhr welled mr nõh à neie Kich ẽm Bauràschdiel kaufà.
Nächstes Jahr möchten wir uns eine neue Küche im Bauernstil kaufen.

Bloß dia viale Schbiegl em Baad dääd i nẽmme naimachà. Dòh kòhsch de graad z'dood butzà.
Nur so viele Spiegel im Badezimmer würde ich nicht mehr nehmen, da putzt man sich ja zu Tode.

Geschdern hãn i õnse Haibfl wägdoà. Des hòd mr jòh heidzdaag gar nẽmme.
Gestern habe ich unsere Zierkissen im Schlafzimmer weggetan. So etwas hat man heutzutage ja überhaupt nicht mehr.

Õnsr Jõngr isch jòh jetz au õmzõgà.
Unser Sohn ist ja jetzt auch umgezogen.

Är hòd à schẽẽne Wõhnõng gfondà õnd gared deier. Abbr älles med so moderne Mẽẽbl aigrichd. Õnd nò hòd'r au nõh laudr so vrriggds Zeigs an d'Wẽnd khẽngd. Uff denne Bildr khõhsch nedd àmòl sähà, was des sei sodd.
Er hat eine schöne Wohnung gefunden und gar nicht teuer. Aber alles mit so modernen Möbeln eingerichtet. Und dann hat er auch noch solche verrückten Sachen an den Wänden aufgehängt. Auf den Bildern kann man nicht mal erkennen, was es sein soll.

Dia Nòchbr wißawi sẽnd komische Leid. Dia hẽnd bis morgens em zẽähne de Rolllaade hõnde. I wõiß nedd wia dia ihr Sach gschaffd kriagà.

Die Nachbarn von gegenüber sind seltsame Leute. Die haben bis morgens um zehn ihre Rollläden geschlossen. Ich weiß nicht, wie die ihren Haushalt schaffen.

'S Weddr

Das Wetter spielt schon eine wichtige Rolle, schließlich muss man ja wissen, ob man draußen **schaffà, d'Wesch uffhengà oddr à Ausfliegle machà kãh, ob mr uff dr Hoggedse bätschnass werrà dääd oddr ob mrs Sẽrfbrädd ruffholà muass** (arbeiten, die Wäsche aufhängen oder einen kleinen Ausflug machen kann, ob man in der Gartenwirtschaft pitschnass wird oder ob man das Surfbrett heraufholen kann).

Schẽẽ isch's heid, gell?
Schön ist es heute, nicht wahr?

Jetz fãngd's au nõh ãã z'drebflà.
Jetzt fängt es auch noch an zu tröpfeln.

Bei dem Sauweddr khòhsch jò koin Hõnd uff'd Schdròòß nausjagà.
Bei diesem Sauwetter kann man ja keinen Hund auf die Straße jagen.

'S kirbeled. / 'S schidd wia mid Kibbl.
es kübelt / es schüttet wie mit Eimern
Es schüttet.

I heers scho dõnnere. Zõm Gligg hãn i mei Rägàmendele midgnommà.
Ich höre es schon donnern. Zum Glück habe ich meinen Regenmantel dabei.

Heid isch so dẽmbfichs Weddr, i werr graad uffgfresså von denne Schnòògå.
Heute ist so schwüles Wetter, dass mich die Stechmücken beinahe auffressen.

Geschdern war ån Sauwẽẽd. Mir hẽnd nedd ẽn Gaarde khenne gãngå zõm Schaffå. Dòh hòds de graad widdr hõimblòså.
Gestern war ein sehr starker Wind. Wir konnten nicht einmal in den Garten gehen, um dort etwas zu tun. Da hat es einen richtig nach Hause geweht.

'S isch so hoiß, mir laafd graad Brieh rõndr.
Mir ist so heiß, ich schwitze wie ein Stier.

Heid Nachd hòd's gschneid. Jetz kãh-n-i å nõh dr Schnee wägschibblå.
Heute Nacht hat es geschneit. Jetzt muss ich auch noch den Schnee wegräumen.

'S hòd gfrorå. Drusså isch's arschgladd.
Es hat gefroren. Draußen ist es sauglatt.

Åm õifachschde wird's sei, wẽnn de med de Schliddschuah ẽns Gschäfd gãngsch.
Am einfachsten wird es sein, wenn du mit den Schlittschuhen zur Arbeit gingst.

Bei so må wiaschdå Weddr isch a Leich koi Vrgniegå.
Bei einem solchen Wetter ist eine Beerdigung auch nicht gerade angenehm.

Õndrwägs ẽm Ländle

Das Schönste ist natürlich, wenn man seinen Daimler spazieren fahren kann. Wichtig ist jedoch vor allem: Es muss zwar schnell gehen, aber hetzen lässt man sich im wilden Süden nicht so gern:

No mõl langsam, wenn's brässierd.
Nun mal schön langsam, wenn es eilt.

laufà

Trotz des geliebten Vierrädlers geht der Schwabe auch mal gern zu Fuß – schließlich spart man das Geld fürs Benzin oder die Busfahrkarte: laufà, sprẽngà, rennà, sauà.

Mach jetz àmòl nòre!
Beeil dich doch!

Nõmme nedd huddlà!
nur-mal nicht hektisch-werden
Immer mit der Ruhe.

Ẽmmer schẽẽ rõiflà, abbr nia sauà.
immer schön reifeln, aber nie sauen
Immer schnell gemacht, aber nichts überstürzen!

Jetz bẽn i abbr gãnz schẽẽ ins Schnaufà kommà.
Jetzt bin ich aber ganz schön außer Atem.

Oma, bass uff õn flieg nedd ibbr denn Hubbl.
Oma pass auf, dass du nicht über die Erhebung stolperst.

Wo gòhd's denn zõm Kurbark?
Wo geht es denn zum Kurpark?

Ẽmmer dr Nòòs nòòch.
Immer geradeaus.

Sẽmmer dòh richdich zõm Schlessle?
Sind wir hier richtig zum Schloss?

Ja, dòh sẽnd-Se abbr gãnz vrrkeerd.
Ja, da sind sie leider ganz verkehrt.

Am beschdà gãnged-Se jetz dòrd hẽndà 's Schdäffele nuff, dann di näggschd Schdròòß rächds nõndr õn dann sähn-Se scho widdr wias weidrgòhd.
Am besten gehen Sie jetzt dort hinten die Treppe hinauf, dann die nächste Straße rechts und dann sehen sie schon, wie es weitergeht.

Was isch'n dr kirzeschde Wäg ...?
Was ist denn der kürzeste Weg ...?

end Kirch	in die Kirche
zõm Fuaßballschdadiõ	zum Fußballstadion
zu dr Kirwe	zum Jahrmarkt

Jetz sẽmmer gnuag õmmanãndrdabbd, i brauch jetz àn Kaffee õnd à Schdiggle Kuachà.
Jetzt sind wir genug herumgelaufen, ich brauche einen Kaffee und ein Stück Kuchen.

Hailix Blächle

Des Schwaben ganzer Stolz ist natürlich – nach dem selbst erbauten Eigenheim – sein vierrädriger Freund. Schließlich liegt hier die Wiege des Automobils (wenn der Badener Carl Benz seine allererste Autofahrt auch von Mannheim nach **Bforze** (Pforzheim), also im Badischen, unternahm). Was er zusammen mit seinem schwäbischen Kollegen Gottfried Daimler begonnen hat, wird noch immer erfolgreich und mit Stolz fortgeführt:

I schaff beim Daimler!
Ich arbeite bei Mercedes Benz.

Selbstverständlich würde niemals jemand auf die Idee kommen, auch noch die Raigschmäggde *(Zugezogenen) aus dem fernen Amerika mit in den Namen einzubeziehen (außer wenn's offiziell wird natürlich).*

Ein ganz schönes Durcheinander von Namen. Des Rätsels Lösung: die Konzernholding hieß bisher Daimler Benz und seit der Fusion mit Chrysler eben DaimlerChrysler. Die Automobiltochter der Holding heißt aber Mercedes Benz (benannt nach der Tochter eines Konstrukteurs des Daimler-Rennwagens, der 1899 in Nizza siegte).

Jeder **Schduegedr** (Stuttgarter) wird Sie übrigens mit Stolz auf das riesige Autowerk hinweisen, ob Sie es von der Autobahn in die Landeshauptstadt fahrend bereits kilometerweit begleitet hat oder nicht – **Daimler** gehört eben ein bisschen allen Stuttgartern.

Und da das Schwabenland nun mal die Wiege der deutschen **Difdlr** (Tüftler) ist, entstand hier auch gleich noch eine zweite

Automobilfabrik, und natürlich nicht nur irgendeine, sondern **hald scho äbbes Rächds** (halt schon was Richtiges): Deutschlands Sportwagenmarke Nummer 1: **Porsche**.

Alle anderen fahrbaren Untersätze gelten dem Schwaben als zumindest suspekt:

d'Karre, d'Kischd, dr Wagà	Karre, Kiste
à Schnäggehueschderle	lahme Ente
ein Schneckenhusterchen	
à Rutscherle	Kleinwagen
à Roschdlaub	Rostkarre

Erst einmal in seinem rollenden Metallkäfig sitzend, scheint die Maulfaulheit des Schwaben wie weggeblasen. Einige fahrtechnische Beurteilungen seien an dieser Stelle genannt:

Der fahrd wia a gsengde Wildsau.
er fährt wie ein angesengtes Wildschwein
Er fährt wie eine gesengte Sau.

Was fahrd'n der Halbdaggl fir àn Scheiß zammà?!
Was fährt dieser Arsch miserabel.

Wo hòsch denn du dein Babbedeggl gwonnà, du Huadsẽmbl?
wo hast denn du deinen Pappdeckel gewonnen, du Hutsimpel
Wo hast du denn deinen Führerschein gewonnen, du Depp?

Übrigens: Ausgerechnet auf dem Ring um die Landeshauptstadt und den umliegenden Autobahnen, herrscht eine Geschwindigkeitsbegrenzung von 120 km/h – das gibt doch zu denken …

Nõmmràschild

Bei gewissen Kennzeichen hegt der Schwabe durchaus Vorurteile. So hält man bewusst oder unbewusst hinter einem Calwer Kennzeichen doch einen etwas größeren Sicherheitsabstand ein, und auch bei Fahrzeughaltern aus Winnenden kann man sich seiner Sache anscheinend nie so recht sicher sein.

Kein Blatt vor die Stoßstange nimmt man in Stuttgart. Hier sind die Kombinationen S-AU *oder* S-EX *nicht unbeliebt.*

CW	Abk. f. „Calwer Wildsau“ bzw. „Curvende Wildsau“
WIN	kommt aus der Stadt der Spinnenden (Winnenden hat eine psychiatrische Klinik)

Du fahrsch fai med me gãnz schẽẽne Zagge.
Du fährst aber ganz schön schnell.

Wo gòhds nòh?

älleweil graadaus	immer geradeaus
om d'Kurv nõmm	mit der Kurve mitfahren
ins Daal nõndr haizà	ins Tal runter rasen
de Berg nuff schnaufà	den Berg hinauf kriechen
d'zwoide lẽnx	die 2. Straße links

Bei dem gloine Schdräßle dòh missed-Se rächds nõmm.
Bei der kleinen Straße da vorne müssen Sie rechts abbiegen.

drẽnnà	drinnen
hẽnnà	von innen
drussà	draußen
hussà	von außen
rõndr, rãã	herab, herunter
nõndr, nãã	hinab, hinunter
ruff	herauf
nuff, nauf	hinauf
õbà	oben
õndà	unten
drõndà	drunten
nõmm	hinüber

Dr Kard nòòch misse mr jetz lẽnx nõmm.
Der Karte zufolge müsen wir jetzt links abbiegen.

Jetz waiß i ieberhaubd nẽmme wo mr sẽnd.
I glaab i schdeh ẽm Wald.
Jetzt weiß ich überhaupt nicht mehr, wo wir sind. Ich glaube, ich stehe im Wald.

Õfall

Schon in den 70er Jahren gab es zur Warnung der hinter einem fahrenden Autofahrer einen beliebten Aufkleber für die Rückscheibe:

Fahrnedduffmaihailixblächle!
Fahr nicht auf mein heiliges Blechlein!

Fällt ein Schwabe in eine Gletscherspalte. Nach längerer Suche wird er gefunden, und die Retter rufen in die Spalte: „Hallo, hier ist das Rote Kreuz!“ Ruft der Schwabe zurück: „Mir gäbed nix!“

Mensch, dòh hòd's abbr boggld!
Mann oh Mann, da hat es aber gekracht!

An derre Greizõng dòhanne hòd's mòl widdr gschäbbrd.
An der einen Kreuzung da drüben hat es schon wieder einen Unfall gegeben.

Main liabr Scholli, des hòd abbr grachd!
Mein lieber Mann, das hat aber gekracht!

Dòh hòd õinr d'Brems z'schbäd naikhauà.
Da hat jemand die Bremse zu spät betätigt.

Fahrrädle

I fahr mid maim Rädle. Dòh brauchd mr koin Babbedeggl.
Ich fahre mit meinem Fahrrad. Dort braucht man keinen Karton
Ich fahre mit dem Fahrrad. Dann brauche ich keinen Führerschein.

Jetz hãn i a nõh àn Bladde õn à Fliggzeig hãn i koins d'bei.
Jetzt habe ich auch noch eine Reifenpanne und kein Flickzeug dabei.

*Wie heißt ein kleines Schwein, das um Hilfe ruft? – Notruf-*Säule.

Mai Fahrrädle isch wäg / heh / zõm Gligg nõh dòh.
Mein Fahrrad ist weg / kaputt / zum Glück noch da.

Des gòhd jò schẽẽ schdeil d'Buggl nuff.
Das ist aber sehr steil hier.

D'Rode õn d'Blaue

Auch im **Schwòbàländle** ist **Fuaßball** die wichtigste Nebensache der Welt. Unbestritten die Nummer eins ist seit jeher der Verein aus dem früher selbständigen königlichen Badeort Bad Cannstatt: der Verein für Bewegungsspiele Stuttgart aus dem Jahre 1893, ein alter Arbeiterverein und der Fußballstolz der Landeshauptstadt (4-mal Deutscher Meister und 3-mal Deutscher Pokalsieger). Nicht umsonst zieren die drei Hirschgeweihe auch das Vereinswappen.

Da der VfB seit jeher in weißem Trikot mit rotem Brustring auftritt, werden sie innerstädtisch nur **d'Rode** genannt. Im Gegensatz zu dem zweiten größeren Stuttgarter Fußballklub, den Stuttgarter Kickers aus Degerloch, genannt **d'Blaue.** Deren Trophäenschrank ist bei weitem nicht so glanzreich bestückt, was allerdings sicherlich nicht an ihrem blauen Trikot liegen kann.

Lange Zeit waren diese beiden Stuttgarter Vereine die einzig vorzeigbaren im schwäbischen Raum. Bis der SV Ulm auf sich aufmerksam machte. Durchmarsch von der Regionalliga in die Bundesliga. Gemäß den Ulmer Stadtfarben hüllen sich die Spieler der **Ulmer Spatzen** in schwarz-weiß.

Des isch doch zõm Vrbubbfrà!
Das ist ja nicht zum Aushalten!

Wenn se jetz nedd glei a Door mached, nõh vrzwazzl i nõh.
Wenn sie jetzt nicht gleich ein Tor schießen, dann drehe ich noch durch.

Doh gugg nòh, was där Kärle middm Ball kã. Där vrseggld älle.
Schau dir an, was der Teufelskerl mit dem Ball kann. Der lässt alle stehen.

Faul! Faul! Der hòd den doch middà em Schdròòfraum von hẽndà hähl͂ingà õmgschuggd. Desch doch àn Älfmeedr, du Huadsẽmbl!
Foul! Foul! Der hat ihn doch mitten im Strafraum heimlich von hinten umgestoßen. Das muß doch Elfmeter geben, du Blödmann!

Med dem Schiedsrichdr khẽnndschd graad uff dr Sau naus.
mit dem Schiedsrichter könntest-du gerade auf der Sau heraus
Mit diesem Schiedsrichter wird man glatt wahnsinnig.

Fußballspiel in Schwaben. Zur Seitenwahl wirft der Schiedsrichter eine Münze in die Luft. Folge: 400 Verletzte.

Ach du liabs Herrgeddle. Där neie Schdiermr isch mr vielleichd àn Lòhle.
Du meine Güte. Der neue Stürmer ist ja vielleicht ein Schlappschwanz.

Jetz schbieled hald àmòl ibbr d'Fliegl.
Jetzt spielt doch endlich mal über die Flügel.

Door! Door! Des war à Granaad. Dòh siesch ald aus als Doorward.
Tor! Tor! Das war ein Bombenschuss. Da sieht man alt aus als Torwart.

Wa hoißd dòh: siehsch ald aus. Gschlòòfà hòd'r graad wia die Härrà Vrdaidigr.
Was heißt hier alt aussehen. Gepennt hat er genau wie alle Verteidiger.

Ha noi, ha noi, des derf doch edd wòhr sei. Jetz kriagà se à noh àn Freischdooß.
Oh nein, das darf ja wohl nicht wahr sein. Jetzt bekommen sie auch noch einen Freistoß.

Hau hald druff oddr gäbb den Ball wenigschdens ab, du Granadeseggl.
Schieß doch endlich oder gib den Ball wenigstens ab, du Vollidiot.

Maine Leid drhoim

Verwandtschaft ist gut und nützlich, vor allem wenn sich dadurch gute Verbindungen zu wichtigen Personen oder Firmen herstellen lassen. Allerdings darf einem die liebe Familie nicht auf der Tasche liegen!

Vaddr, Babba	Vater
Muddr, Mamme	Mutter
õnser Jõnger/Sõh	unser Sohn
õnser Jõnge/Dõchdr, õnser Dechderle	unsere Tochter
Kẽnd, Mz. **Kẽndr/Jõnge**	Kind
Butzele/Bobbele	Kind (Kosename)
Vedder	Cousin
Bäsle	Cousine
Õnggl	Onkel
Dãnde	Tante
Dedde/Gedde	Patenonkel
Dodde/Godde	Patentante
Großvadder/Oba/Ähne	Großvater
Großmudder/Oma/Ãhne	Großmutter
Ẽnggele, Mz. **Ẽnggelà**	Enkel
Schwiegrdõchdr, *(auch)* **Sẽhnere**	Schwiegertochter
Schwiegrsõh, *(auch)* **Dõchdrmãh**	Schwiegersohn
Schwiegrmussich	Schwiegermutter
Gegàschwiegr	Eltern von Schwiegersohn/ Schwiegertochter

Beim Erben gilt: Am besten man ist die/der Einzige:
Z'dridd schaffà,
z'zwõid schlòòfà,
àlloi ärbà!

Ein Ehemann im Pensionsalter hat's nicht leicht. Man sagt, er habe inzwischen das **Däädsch-mr-nedd**-Alter erreicht: Für den Stammtisch bleibt jetzt nämlich wenig Zeit, da ihn seine Frau den lieben langen Tag mit der Frage **Däädsch mr nedd ...** auf Trab hält:

Däädsch mr nedd *ist die schwäbische Antwort auf den hochdeutschen Konjunktiv!*

Däädsch mr jetzed endlich ãmòl hälfà!
Würdest du mir jetzt endlich mal helfen!

Däädsch mr nedd gschwẽnd d'Kardofflà vom Keller ruffdraagà?
Kannst du bitte kurz die Kartoffeln vom Keller herauftragen?

Däädsch mr nedd nõh zõm Metzgr laufà õnd à Bfond Subbàfloisch holà.
Kannst du bitte zum Metzger gehen und 500 g Suppenfleisch holen?

Läbensluschd

Mr sodd's ed dẽnggà (Kaum zu glauben!), aber erst mal auf Touren gebracht, kann's auch beim Schwabe und der Schwäbin **ganz schẽẽ bizzlà** (ganz schön zünden). Im Normalfall gilt ja der Satz **Siehsch du abbr abgschaffd aus** zwar als großes Kompliment, zum **ããbandlà** sollte Mann und Frau aber doch etwas subtiler vorgehen.

ããbandlà	anbandeln
ããschbrächà	ansprechen
ããdabbà	begrapschen
bussierà	flirten
vrnaschà	vernaschen
fẽglà	vögeln
õrglà *Orgel spielen*	miteinander schlafen
à Kẽnd bäschdlà	ein Kind basteln

I hãn mi edd draud den õifach ããzõmschbrächà.
Ich habe mich nicht getraut, ihn einfach anzusprechen.

Schutz suchen kann man in einer **Boiz** (urige Gaststätte) oder **Gneibe**, aber natürlich auch in einer **Disgodeeg** oder beim **Bobkõnzärd** (Popkonzert). Und warum nicht auch in einem **Schbordverai** (Sportverein)? Dorthin geht man dann **àlloi** (alleine) oder **medde gãnzà Gligge/Blããs** (Clique/Blase).

Nach erfolgreicher Kontaktaufnahme könnte es sein, dass man dann **àn Gnuudschflegg** (einen Knutschfleck) für die nächsten Tage nicht mehr los wird oder sich **med mà Kissle** (Küsschen) brüsten kann.

Hòsch de Brigidda ihren Freind scho gsähà?
Hast du schon Brigittas Freund gesehen?

Also i persẽẽnlich wedd so'n alde Freind gared.
Also so einen alten Freund wollte ich gar nicht haben.

Versierte Verführer verstehen selbstverständlich nicht nur etwas von **Säx** (Sex), sondern auch von **Ärroddik** (Erotik) und **asiaddische Liebestechnigge** (asiatischen Liebestechniken).

Der folgende Satz ist zwar ein ernst gemeintes Lob, man kann aber auch jemanden damit abwimmeln.

Du bisch õifach à Fässle.
du bist einfach ein Fässchen
Du bist ein Pfundskerl.

Damit es niemand verpasst, wenn er/sie von einem/-r Schwabe/Schwäbin einen Hochzeitsantrag bekommt, nennen wir auch hierfür die Formel, die da lautet:

Mògsch du mi ẽm Fall i di mẽẽgà dääd?
magst du mich in dem Fall ich dich mögen täte
Willst du mich heiraten?

Manchmal stoßen die Annäherungsversuche jedoch nicht auf Gegenliebe:

Nòch àmme Weile isch d'Gerda richdich humoorloos wordde.
Nach einer Weile ist Gerda richtig humorlos geworden.

Schreid die mich dòh ãã, i sòdd jetz àmòl uffheerà, an se nõõzlabrà.
Schreit die mich doch an, ich sollte damit aufhören, sie ständig anzuquatschen.

Der hòd mr doch ni à Schããß gäbbà.
Der hat mir ja nie eine Chance gegeben.

Böse Zungen behaupten, Schwaben seien sogar beim Orgasmus sparsam, weshalb der Akt auch mit Sodele – jetzedle *(sochen – jetztchen) wiedergegeben werden könnte.*

Was ist der Unterschied zwischen einer Französin und einer Schwäbin im Bett? Die Französin sagt am nächsten Morgen: "Oh, was bist du für ein toller Liebhaber. Es war eine wundervolle Nacht." Die Schwäbin dagegen fragt: "Khered die Mẽẽbl alle dir?"

Die ischd richdich aggressiev wordde.
Die ist richtiggehend aggressiv geworden.

I wõiß nedd wia's kommd, abbr är isch hald nẽmme so uff mi ããgschbrõngà.
Ich weiß nicht, wie das passiert ist, aber er ist nicht mehr so auf mich angesprungen.

Àm Àfang war dia Beziehong so ĩntensiev, bloß isch des ĩnzwische dr rainschde Psiechoderror gwordde.
Am Anfang war die Beziehung so intensiv, nur ist das inzwischen zum reinsten Psychoterror geworden.

Õis woiß i gwiaß. À Läbà med dem isch au koin Schlägghaafà.
Eines weiß ich gewiss. Ein Leben mit dem ist auch kein Honiglecken.

Bobbl õnd Bobbelà

Ein **Bobbl** ist zwar ein Knäuel, aber die Verkleinerungsform **Bobbele** ist ein Kosename für kleine Kinder. Ebenso beliebt ist die Form **Butzele** (Butzelchen). **Butzewaggl** (Butzenwackel) und **Grambes** bezeichnen eigensinnige, verschmitzte Kinder.

Sie isch ẽn ãnnere Õmschdänd.
sie ist in anderen Umständen
Sie ist schwanger.

Hòschd à scho kheerd, 's Reiders griagà äbbes Gloins.
hast du auch schon gehört, die Reiders kriegen etwas Kleines
Hast du schon gehört, bei der Familie Reuter gibt es Nachwuchs.

Mr griagà à Gnebfle.
wir kriegen ein Knöpfchen
Wir bekommen ein Kind.

Dia Kẽndr gräbbsled au ẽm gãnze Haus õmmanãnd.
Die Kinder krabbeln auch im ganzen Haus herum.

Dabferle, schbrẽng!
Tapferchen, spring
Beeil dich!

Dia zwõi Kẽndr sähed sich au dubfàgleich.
die zwei Kinder sehen sich auch tupfengleich
Die beiden Kinder gleichen sich wie ein Ei dem anderen.

Wenn de etz edd glei schbuursch, nõh badschds!
Wenn du jetzt nicht gleich gehorchst, dann setzt es Schläge.

Wenn die kleinen Gottesgeschenke a Bfläädsch rãhẽnggà *(eine Schnute ziehen), dann sind auch die Eltern mit den Nerven am Ende.*

Blärr bloß nedd ròm, sonsch sẽmmer õms Nõmmguggà widdr drhoim.
Weine bloß nicht dauernd, sonst gehen wir sofort wieder nach Hause.

Med denne Kẽndr khẽnndschd graad Gichdr griagà.
Diese Kinder bringen mich zur Verzweiflung.

Grangg sei

Krank zu sein kann sich der Schwabe gar nicht leisten. Schließlich kann man dann ja nicht mit voller Kraft arbeiten und außerdem kostet das ja nur Geld. Und so erhebt manch einer die Hände mit dem Stoßgebet gen Himmel:

Godd erhald mr mei Gsondhaid õnd meim Weib sei Arbedsgrafd!
Gott erhalte mir meine Gesundheit und die Arbeitskraft meiner Frau!

Eine **Grangged** (Krankheit) versucht man grundsätzlich erst mal mit dem zu bekämpfen, was die eigene Hausapotheke so zu bieten hat:

Drebflà	Tröpfchen
Zäbflà	Zäpfchen
Pillà	Pillen

Erst wenn die eigenen Kräuterlein nicht helfen, schleppt man sich zum **Doggdr** (Dokter), **Zähschlosser** („Zahnschlosser", Zahnarzt) oder in die **Abodeeg** (Apotheke).

Ziaged-Se sich àmòl naggich aus!
ziehen sie sich mal nackt aus
Machen Sie sich mal frei!

’S isch doch edd schlẽmm, oddr?
es ist doch nicht schlimm, oder
Es ist doch nichts Ernstes, oder?

Sie wäre gscheider scho àmol à wẽng friehr zu mr kommà.
Sie wären besser schon früher zu mir gekommen.

Warum fahren die Schwaben nach Schweden zum Zahnarzt? Weil es da die Krone für unter einer Mark gibt.

Ardridis	Artritis
Bauchwaih, Rãnzàwaih	Bauchschmerzen
à Schlägle	Schlaganfall
’s Reißà	Rheuma
Scheißerei	Durchfall
Schädelwaih	Kopfschmerzen
Halzwaih	Halsschmerzen
Haischnubfà	Heuschnupfen
Graißlaufschdeerõngà	Kreislaufstörungen
àn Schbreißl	Holzsplitter
d’Wochàdibbl	Mumps
dà Huaschdà	Husten
Schrõnnà	rissige Haut
à Maagàgschwier	Magengeschwür
dà Härzkaschbr	Herzinfarkt
à Ziagà ẽm Õnderleib	ein Ziehen im Unterleib
Zuggr	Zucker, Diabetes
àn Blòòßàschdõi	Blasenstein

I hãns em Greiz.
ich hab’s im Kreuz
Mir tut der Rücken weh.

Mir war durmelich õnd nòh bẽnne ömghagld.
mir war durmelich und dann bin-ich umgehagelt
Mir war schwindlig und dann wurde ich ohnmächtig.

Àn maim Baggàzãh/Eggzãh isch à Schdiggle abgrachd.
An meinem Backenzahn/Eckzahn ist ein Stück abgebrochen.

I hãn mindeschdens hõnderd Schnòògàschdich.
Ich habe mindestens hundert Mückenstiche.

Vorsicht: Der folgende Satz ist ein echter Zungenbrecher!

Mi hòd à Weffzg gschdochà.
Ich bin von einer Wespe gestochen worden.

I hãn me vrlubfd.
Ich habe zu schwer gehoben.

I hãn me vrkirnd an dem Ebflbutzà.
Ich habe mich verschluckt an dem Apfelkerngehäuse.

Mai Broschdada schaffd au nẽmme räächd.
meine Prostata schafft auch nicht-mehr recht
Meine Prostata funktioniert nicht mehr gut.

Wenn's irgendwo **beißd** (juckt), **zwiggd** (kratzt), **gschwollà isch** (angeschwollen ist), **driggd** (drückt) oder es einem **hõndsliadrich isch** (saumäßig schlecht ist), lässt sich der Schwabe nicht ohne ein **Rezäbd** (Rezept) abspeisen:

Däaded-Se mr nedd ... vrschreibà?
Könnten Sie mir nicht ... verschreiben?

Augàdrebflà	Augentropfen
à Abfiehrmiddele	ein Abführmittel
à Sälble	eine Salbe
Pillà	Tabletten
Zäbflà	Zäpfchen
à Schbritz	eine Spritze

Kerbrdail

Manch einem mögen die Bezeichnungen für die Körperteile ziemlich schroff vorkommen (was übrigens auch häufig so gemeint ist). Hier zeigt die Verkleinerungsform ihren Nutzen, denn sobald man das **-le** anhängt, klingen die Begriffe in schwäbischen Ohren etwas zärtlicher: **Riebele** statt **Riebl** („Rübe", Kopf), **Geschle** statt **Gosch** („Maul", Mund).

Mi juggd's an de ... / ẽm ...
Mich juckt es an /am ...

dr Meggl, dr Riebl, dr Dääz	Kopf
Rübe, tête (frz.)	
d'Hòòr	Haare
's Gsichd	Gesicht
d'Visaasch	Gesicht
die Visage	
d'Ohrà	Ohren
d'Augà, d'Aiglà	Augen
d'Glotzbebbel	Glotzaugen
d'Nòòs, s'Näsle	Nase
dr Zenggà, dr Riaßl	große Nase
der Zinken, der Rüssel	
d'Gosch, s'Maul	Mund, Maul
d'Zõng	Zunge
d'Zẽẽ	Zähne
's Girgele	Kehle
's Gnigg, dr Ãnggà	Nacken
dr Ar, Mz. **d'Ärm**	Arm
d'Hãnd, Mz. **d'Hẽnd**	Hand
d'Fẽngr	Finger
d'Bruschd, 's Brischdle	Brust
dr Bruschdkaschdà	Brustkasten
d'Herzer, d'Diddlà	Brüste
's Beichle, dr Bauch	Bauch
dr Rãnzà	Ranzen, Wanst
's Greiz, dr Buggl	Rücken
das Kreuz, der Buckel	
dr Bobbo, dr Hẽndrà	Popo, Hintern
dr Arsch	Arsch
's Gmächd	Penis und Hoden
's Schbidtzle	Penis
das Spitzchen	

Manche Begriffe stimmen nicht mit der hochdeutschen Anatomie überein, aber das ist reine Gewöhnungssache.

's Bixle *das Büchslein*	Vagina
dr Fuaß, Mz. **d'Fiaß**	Bein / Fuß
's Gnie, 's Gnui	Knie
d'Waadà	Waden
's Schẽẽbõõi	Schienenbein
dr Gnechl	Knöchel
dr Zaià, Mz. **d'Zaià**	Zehen

Ach du liabr Schiebr, dia hòd Fiaß wia Sauschdallbfoschdà.
ach du lieber Schieber, die hat Füße wie Saustallpfosten
Du meine Güte, die hat aber dicke Beine.

Där hòd au à guade Kuddl.
Der hat auch einen ganz schön dicken Bauch.

Uff'm Gloo

Wenn die Not groß ist, sucht der Schwabe einen **Lokus** oder ein **Gloo** auf. Wer auf die „Toilette" muss, wird zwar verstanden, aber so **großkhobfàd** (vornehm) drückt sich doch keiner aus.

Wo isch'n s'Gloo dòhẽnnà?
Wo ist denn hier die Toilette?

Mir khennàd doch edd wäggà dir õn deim Konfirmandebläsle all halb Schdõnd Pause ailegà.
Wir können doch nicht wegen deiner schwachen Blase jede halbe Stunde Pause machen.

Jetz musch's hald nõh gschwẽnd vrheebà.
Jetzt musst du es eben noch kurz aushalten.

bronzà, pissà, soichà	pinkeln, pissen
ausdräddà	austreten
uff's Heisle missà	auf's Örtchen müssen
Scheißerei, Lochschnäddràdà	Durchfall
Abfiehrmiddl	Abführmittel

Mai Schdualgãng isch au nẽmme deeß.
Mit dem Stuhlgang klappt's nicht mehr so richtig.

Ẽn dem Waschbeggà gibd's jòh gar koi Saif, dass mr sich d'Hẽnd wäschà kãh.
Bei diesem Waschbecken fehlt ja die Seife, da kann man sich die Hände ja gar nicht waschen.

Ha, so ein Granadescheiß, ...
So ein Mist, ...

... mir hẽnd koi Gloobabier mẽh.
... wir haben kein Toilettenpapier mehr.

Õn des ẽm hailiche Sõnndich.
Und das ausgerechnet am heiligen Sonntag.

Nõmme nedd huddlà!

Das oberste schwäbische Gebot war und bleibt: Immer mit der Ruhe!

Schwaben lassen sich nicht einfach in den Bluthochdruck jagen, und schon gar nicht von einem ungeduldigen Zugezogenen. Es gilt der Grundsatz: **So viel Zeid muaß sei!**

Schẽẽ langsaam!
Immer hübsch langsam!

S'isch glei ferrdich.
Nur Geduld! Wir haben es gleich.

Nõmme nedd huddlà (wenn's brässierd).
Immer schön langsam (wenn es eilt).

No nix narreds!
Immer schön ruhig bleiben!

Oh vrheebs!
oh verhebe-es
Ausruf, wenn eine Sache nicht zu ändern ist

Der hòd Närvà wia broide Nudlà.
der hat Nerven wie breite Nudeln
Der hat Nerven wie Drahtseile.

Der hòd à guade Kuddl.
der hat einen guten Bauch
Den bringt nichts aus der Ruhe.

'S gòhd hald bräggelesweis.
es geht eben bröckchenweise
Es dauert eben seine Zeit.

Vor lauder lass me au mid.
vor lauter lass mich auch mit
Das Unglück ist nur passiert, weil ich zu hektisch war.

Hält es jemand für nötig, eine Sache selbst in die Hand zu nehmen oder schnell über die Bühne zu bringen, so wird dies eingeführt mit einem „aufgepasst Leute!“:

Uffbassd Leid! Jetz zaigd eich dr Vaddr mòl, wo d'r Bardl de Moschd hoold.
aufgepasst Leute! Jetzt zeigt euch der Vater mal, wo der Bartel den Most holt
Aufgepasst Leute! Jetzt zeigt euch euer Vater mal, was er drauf hat.

Bruddlà õnd Fluchà

Wenn's um Schimpfen oder Fluchen geht, werden Schwaben kreativ. Hinzu kommt, dass sie für ihr Leben gerne **bruddled** (nörgeln). Wahrscheinlich sind sie darin sogar Weltmeister.

Mit Zusätzen, wie **bätsch-, soich-** usw. kann man seiner Aussage die nötige Würze verleihen, wenn einem gerade danach ist:

I bẽh bätschnass.
Ich bin klatschnass.

I bẽh soichnass.
Ich bin urinnass.

Sẽng doch ed so groddefalsch!
Sing doch nicht so schrecklich falsch!

Dei Goscherei machd mi greiznarred.
Dein Gemaule regt mich furchtbar auf.

Bachl, Droddl	Trottel (einer mit zwei linken Händen)
Heggebärlesbronzr *Heckenbeerenpisser*	Einfaltspinsel
Lällebäbbl	törichter Mensch
Drialer	Lahmarsch, Langweiler
Lòhle	energieloser Lahmarsch
aldr Gnaudl	motzeriger Typ
Rẽndviech	Rindvieh
Sauhõnd	Schweinehund

So können die Herren der Schöpfung tituliert werden.

Steigerungsformen kennen die im Folgenden beschriebenen Beschimpfungen:

Die erste, fast harmlose Stufe dieser Schimpfwörter drückt vielleicht unverständlich für den **Fischkobf** (also alle Einwohner nördlich des Mains) nur eine milde Kritik an einer Person oder deren Verhalten aus. Sie haben auch eine eher unbestimmte Bedeutung und werden daher, wenn nötig, mit zusätzlichen Wörtern näher umschrieben, wie **bleedr Seggl, du bleedr**, was so viel heißt wie „du blöder Idiot".

Schwereres Geschütz fährt ein Schwabe auf, wenn die 1. oder sogar 2. Steigerungsform verwendet wird, die dann als Drohung ernst genommen werden sollten.

Entgegen jeglicher Logik ist Halbseggl *oder* Halbdaggl *tatsächlich die Steigerungsform!*

Seggl	Säckel
Halbseggl	Halbsäckel
Granadeseggl,	Granatensäckel,
Lõmbàseggl	Lumpensäckel

Sẽmbl	Simpel
Huadsẽmbl	Hutsimpel

Daggl	Dackel
Halbdaggl	Halbdackel (1. Steigerungsstufe von **Daggl**)
Grasdaggl	Grasdackel (2. und ultimative Steigerungsstufe von **Daggl**)

Alle anderen Schimpfwörter lassen sich mit den besonders beliebten Verbindungen **Allmachds-** und **Granade-** verschärfen. So wird der **Däbb** (Depp) zum **Allmachdsdäbb** (Riesendepp), und wenn das nicht reicht, kann man auf die bereits oben erwähnte Ergänzung mit Eigenschaftswörtern zurückgreifen: **du elendr Grasdaggl, du elendr** (du elendiger Superidiot).

Das scheinbar schwache Geschlecht muss sich die folgenden Verwünschungen gefallen lassen:

Aggrschnall	Ackerschnalle
Bähmull	unzufriedene, lahmarschige Frau, mit der nichts anzufangen ist
Beißzãng	bösartige Frau, Schwiegermutter
Drããfõnzl	langsame, langweilige Person
Gifdschbritz	Giftspritze
Ribb	Frau, mit der nicht gut Kirschen essen ist
Schbinaadwachdl	Spinatwachtel
dõmme/bleede/alde	dumme/blöde/alte
Schelle	Klingel
Zibeeb *Rosine*	fade/langweilige Frau

Ribb *sagt man nur über eine Frau in Abwesenheit.*

Die Bezeichnung **des Mensch** für eine Frau kann auch positiv gemeint sein: **à saubrs Mensch** (ein steiler Zahn), daher kommt es auf die damit verbundenen Wörter an, denn **Lõmbàmensch** (Lumpenmensch) ist beispielsweise schon wieder eine ziemlich harte Beleidigung.

Frauen mit vermeintlich niedrigem IQ bezeichnet man mit: **dõmme Dambe, Karlene** oder **Zullebene**, was alles so ungefähr in die Preisklasse „dumme Kuh“ oder „blöde Ziege“

fällt. Seiner Beurteilung kann man Nachdruck verleihen, indem man **so à bleede** (so eine blöde) noch hinzufügt: **So à Gifdschbritz, so à bleede!**

Wer nicht ganz zurechnungsfähig ist, **isch näbbe dà Kabb** (neben der Kappe). Ganz unten durch sind die folgenden bedauernswerten Personen:

I glaab, dem/derre haggd's.
ich glaube, dem/der hackt-es
Der/die spinnt ja wohl.

Där/die isch nedd gãnz bachà!
der/die ist nicht ganz gebacken
Der/die ist ja nicht ganz frisch.
Der/die hat sie nicht mehr alle.

Alle Ausdrücke der allgemeinen Unzufriedenheit können praktisch bei anderer Betonung auch Erstaunen und Bewunderung ausdrücken.

Ha so äbbes!
Ja so etwas!

Ha sabberlot!
Sapperlot!

Dõndrweddr abbr au!
Zum Donnerwetter nochmal!

Ja, jetz lägg mi am Arsch!
Ja, jetzt leck mich nur am Arsch!

Oh hailix Blächle!
Oh heiliges Blechlein!

Gugg's Gschäfd ãã!
Sieh dir die Arbeit an!

Ja, dòh haud's me etz abbr doch ächd õm!
Ja, da falle ich jetzt aber doch wirklich um!

Herrgottsack *beschreibt also nicht die göttliche Anatomie!*

Herrgottsack!
Herrgottsakrament!

Haidenai!
Unglaublich!

Ach du liabs Herrgeddle von Biberach!
Ach du liebe Güte!

Wirklich nur Unzufriedenheit drücken dagegen die folgenden Ausrufe aus:

Herrgott nomòl!
Herrgott noch einmal!

Hẽmmeldõndrweddr (nomòl)!
Himmeldonnerwetter (nochmal)!

So àn Saich!
so ein Urin
So ein Mist!

So à Gschiss!
so ein Gescheisse
Unnötiges Getue!

So was Dabbichs!
so etwas Unbeholfenes
So ein Mist!

So àn Granadesaich!
so eine Granatenpisse
So eine Scheiße!

So àn Scheißdrägg abbr au.
So ein Scheißdreck aber auch.

Nur Erstaunen und Bewunderung sind jedoch gemeint mit:

Haide Schduegerd Blechdach!
Heiden Stuttgart Blechdach
Sapperlot!

Dòh bisch bladd!	Da bist du platt!
Des brẽngd's! *das bringt es*	Toll! / Wahnsinn!
Desch edd schlächd! *das ist nicht schlecht*	Klasse!

Lob – des muaß hald au mòl sei

Zwar lobt er Schwabe nicht so gern, vielleicht ist er ja dafür zu schüchtern, wer weiß. Aber ein paar nett gemeinte Ausdrücke kennt er dann doch. Ein Lob für Männer könnte so ausfallen:

Des isch àn rächde Mãh / Kärle.
Er ist ein netter Mann / Junge.

Är isch scho rächd.
er ist schon recht
Er ist schwer in Ordnung.

àn Bfõndskärle, **à Fässle**	einer, mit dem man Pferde stehlen kann
à Difdele *ein Tüftler*	patenter Mann/Junge
Käbbsele *Käpselchen*	Intelligenzbolzen

Ein Lob für Frauen könnte sich wie folgt anhören:

Des isch mr àmòl à saubrs Weib/Mädle.
Das ist aber ein/e schöne/s Frau/Mädchen.

Des isch a rächde Dengere.
das ist ein rechtes Dingerchen
Sie ist sehr nett.

Ha nò, des isch à saubers Mensch.
Wow, das ist aber ein scharfer Zahn / eine scharfe Biene.

Möchte man jemandem zum Beispiel für seine gute Arbeit Anerkennung zollen, so zeigt sich hier wiederum deutlich die rauere und sparsame Seite des Schwaben.

Insgesamt kann man jedoch sagen, dass das Schwäbische eher zur Unter- als zur Übertreibung neigt, vor allem wenn positive Dinge gemeint sind.

Dia Kẽndr hẽnd scho arg schẽẽ gsõngà.
Die Kinder haben sehr schön gesungen.

Des Fäschdle war edd schlächd.
das Festchen war nicht schlecht
Das Fest war ganz schön.

In den allermeisten Fällen wird ein Lob nur indirekt ausgesprochen, und man muss sich deshalb meistens mit einem **Scho rächd!** („schon richtig", Gut gemacht!) begnügen. Schließlich gilt:

Nix gschwätzd isch gnuag gloobd!
Nichts gesagt, ist genug gelobt.

Jetz wird's à bissle komblizierd

Achtung Falle! – Da die Schwaben dem Rest der Welt ja immer voraus sind, müssen sie auch schneller sein. „Nur“ gehen kann der Schwabe dann aber auch nicht:

laufà	*laufen*	gehen
schbrẽngà,	*springen*	laufen
sauà	*sauen*	
hobfà	*hüpfen*	springen

„Etwas (hoch)heben“ heißt auf schwäbisch **äbbes lubfà.** Das schwäbische **heebà** hingegen bedeutet festhalten: **(a)uffheebà** (aufheben, aufbewahren). „Verheben“ **(vrheebà)** gibt es im Schwäbischen in mehreren Bedeutungen:

I kõh's nẽmme vrheebà.
ich kann-es nicht-mehr verheben
Ich halte es nicht mehr aus. /
Ich kann es kaum erwarten. /
Ich muss dringend auf die Toilette.

Schmeggà kann in den Bedeutungen „schmecken“, aber auch „stinken/riechen“ (wörtlich und übertragen) verwendet werden:

Den Kärle kãh i nedd schmeggà.
Den Kerl kann ich nicht ausstehen.

I brauch koi Hodell, wo se äll Daag d'Beddwesch wäxlà, i lig gern in meim oigne Gschmäggle.
ich brauche kein Hotel, wo sie alleTag die Bettwäsche wechseln, ich liege gerne in meinem eigenen Geschmäckchen
Ich brauche kein Hotel, in dem jeden Tag die Bettwäsche gewechselt wird, ich mag es, wenn es nach mir riecht.

Fiaß heißt sowohl „Beine" als auch „Füße", was an sich ein Problem darstellt, da man folgerichtig zwischen Beinen und Füßen nicht unterscheidet. Im Zweifelsfall muss man halt drauf zeigen. Wenn man die „Ohren" meint, muss man **Leffl** (Löffel) sagen. **Wiaschde Blõãmà** sind keine „Wüstenblumen", sondern alte, verwelkte, eben „wüste" Blumen.

Äbbes Gscheids fir Schpruchbeidl

Der Schwabe hat sich im Laufe der Zeit auch Sprüche und Lebensweisheiten zurechtgelegt. Hier ein paar Kostproben:

Dõmm derf mr sei, bloß nedd dabbich.
Dumm darf man sein, nur nicht unpraktisch.

D'r Schwòòb wird erschd med virrzich gscheid, dia andre nedd in Ewichkhaid.
Der Schwabe wird erst mit vierzig gescheit, die Anderen nicht in Ewigkeit.

Liabr en Sagg badsche als oine uff de Buggl kriagà.
lieber einen Sack schlagen als eine auf den Rücken kriegen
Lieber austeilen als einstecken.

Bessr d'Gosch haldà als s'Maul vrreißà.
Lieber den Mund halten als das Maul zerreißen.

Bessr als à Gosch voll Reißnägl.
besser als ein Maul voll Reißnägel
Es könnte schlimmer sein.

Dòh missed Beggr komme õn koine Brätzlà.
da müssen Bäcker kommen und keine Bretzeln
Da muss schon ein Profi kommen, um Eindruck zu machen.

So isch nõh au widdr!
So kann man's auch sehen./
So ist das Leben./
Das kann eben passieren!

Dõmm gloffà!
dumm gelaufen
Pech gehabt!

Der Spruch So isch nõh au widdr! *passt in fast allen Lebenslagen.*

Wenn nòh älle Leid so wäred wia se sei sodded.
Wenn nur alle Leute so wären, wie sie sein sollten.

Mr moind ofd von oim är sei fädd, dòdrbei isch'r bloß gschwollà.
Oft meint man von jemandem, er wäre fett, dabei ist er nur aufgeblasen.

Aus àmmà Scheißhaafà wird nie à Subbàschissl.
Aus einem Nachttopf wird nie eine Suppenschüssel.

Zõngàbrechr

Nach dem Durcharbeiten dieses Buches dürfte der ultimative Schwabentest keine Schwierigkeiten mehr bereiten. Man denke aber immer an die Nasallaute und die Dehnungen!

Moinsch du däädsch Moschd meegà?
meinst-du du tätest Most mögen
Möchtest du etwas Most?

Dr Paabschd hòd's Bschdegg dschbäd bschdelld.
Der Papst hat das Besteck zu spät bestellt.

Klingeln Sie nicht an dieser Klingel, diese Klingel klingelt nicht.

Schwätzed Sie au Deidsch?

Nichts verstanden? – Dann üben Sie wenigstens die folgenden Sätze. Viel Erfolg! Und noch eins: Geben Sie nicht auf!

Des vrschdòhd jòh koi Sau.
Das versteht ja kein Schwein.

Schwätzed-Se doch edd so schnell.
Sprechen Sie doch bitte etwas langsamer!

Jetz verschdãnd i gar nix meh!
Jetzt verstehe ich gar nichts mehr.

Wa-isch?
Wie bitte?

Wie saggd mr dees?
Wie spricht man das aus?

Wia hoißd'n des uff Hochdeidsch?
Wie heißt denn das auf Hochdeutsch?

Wa hoißd'n jetz au dees?
Was heißt dann denn jetzt schon wieder?

Khẽnned Se nedd a weng deidlicher schwätzà?
Können Sie nicht ein wenig deutlicher reden?

Wia ..., Se vrschdãnded me nedd?
Wie meinen Sie das, Sie verstehen mich nicht?

Der Schwabe als Weltbürger

Es gibt jede Menge Leute, die sich der Erhaltung des Dialekts verschrieben haben. Eine ganze Reihe davon haben mehr oder weniger ergiebige Internetseiten erstellt. Ein paar davon sind hier aufgelistet.

Die hier genannten Bücher/Schriften sind nicht über den Reise Know-How Verlag erhältlich.

Internet **www.com-online.de/personal/elke/schwaebisch/swabian.htm**
Eine sehr ausführliche Seite mit Wörterbuch, Witzen, Liedern, Schüttelreimen usw.

www.schwobaseita.de
Z. B. Quiz und ein Diskussionsforum auf Schwäbisch.

www.hartter.de
Ein Lehrer, der auf seiner Seite auch eine ganze Sektion für Schwäbisch reserviert hat.

www.schwaebisch-englisch.de
Wörterbuch Schwäbisch-Englisch

www.steffen-winkler.de
Ein Bäcker, der eine Sammlung typisch schwäbischer Rezepte vorstellt.

www.cityinfonetz.de/homepages/boeckle/schwlex.html
Wörterbuch

www.flad.de/home/monika/schwaben
Wörterbuch, Schimpfwörter usw.

Bücher Asterix: **Dr große Graba**; *Ehapa Verlag, Stuttgart.*

Fritzle Federkiel: **Unterwegs im Ländle**; *Verlag Georg Hauser GmbH, Metzingen.*

Wortregister

Die wichtigsten Stichwörter werden hier alphabetisch zusammengefasst.
Die Zahl hinter den Einträgen verweist auf die Seite, auf der man den entsprechenden Ausdruck findet.
Die mit Akzent oder Nasalzeichen versehenen Laute sind wie die Laute ohne Kennzeichnung sortiert, ä *ist wie* a *sortiert.*

A

B

C / D

E

F

G

H

I

J

K

L

M

S

T

U

V

W

Z

Die Autoren

Sabine Burger (1964) und Alexander Schwarz (1964) leben seit 1990 in den Niederlanden als Verleger, freie Autoren und Übersetzer.

Für das Zustandekommen dieses Büchleins möchten wir uns bedanken bei Claudia, Effe, Gabriele, Inge, Jutta, Norbert, Ruth, Uli und Werner.

– Desch gladd, kommd dòh õinr von Holland dòdrhärglaufà õn dẽnggd, är khẽnnd àn Schbròòchfiehrer „Schwäbisch" schreibà. Schwäbisch fir Fisch- õnd Kääskebf hòsch sichr dẽnggd, hä?
– Hanò, maine Leid wohnà doch älle ẽm Schwòbàländle. Drhoimdò schwätzed mr hald wia ons d'Gosch gwachsà ischd.
– Zõm Gligg bẽh i au nedd Hochdeidsch uffgwachsà. Dòdrbei hãn i ẽmmer dẽnggd, Schwäbisch vrschdòhd jedr. Abbr desch fai nedd wòhr.
– Also isch's guad, dass mr des Biechle gschriebà hẽnd. Khẽnnàd die andre Leid au midschwätzà.
– Õnd sälbr Schbätzle bschdellà.
– Bloß die schẽẽne ã, ẽ õn õ, des kriagà die Raigschmäggde nedd so schnell nòh.
– Awa, bis se sich durch des Biechle durchgschaffd hẽnd, khẽnned ses fai au.
– So isch nòh au widdr.